KB120881

고교학점제를 위한

인문학과
윤리

'격몽요결'의 가르침 열 가지

고교학점제를 위한 인문학과 윤리

초판 1쇄 인쇄일 2024년 3월 12일
초판 1쇄 발행일 2024년 3월 24일

지은이 김미덕 이경무
그 림 김시우
펴낸이 양옥매
디자인 송다희 표지혜
교 정 조준경
마케팅 송용호

펴낸곳 도서출판 책과나무
출판등록 제2012-000376
주소 서울특별시 마포구 방울내로 79 이노빌딩 302호
대표전화 02.372.1537 **팩스** 02.372.1538
이메일 booknamu2007@naver.com
홈페이지 www.booknamu.com
ISBN 979-11-6752-460-7 (43190)

고교학점제를 위한

인문학과 윤리

김미덕 · 이경무 | 지음
김시우 | 그림

책과나무

■ 2022 개정 시기 고등학교 도덕과 교육과정

2022 개정 시기 교육과정은 교과의 과목명과 선택 영역을 바꾸고 교과 내용을 조정하는데, 「인문학과 윤리」의 영역 및 내용도 원칙적으로는 '가치 관계의 확장법'을 따르지만 '주제 중심' 접근법을 더한다.[1]

【 2022 개정 시기 교육과정 고등학교 사회(역사/도덕 포함)과 교과목 】

교과(군)	공통 과목	선택 과목		
		일반 선택	진로 선택	융합 선택
구조	기초 소양	교과별 학문	교과별 심화 학습 및 진로 관련	교과 내, 교과 간 융합
사회 (역사/ 도덕 포함)	한국사1 한국사2	세계시민과 지리, 세계사, 사회와 문화, 현대사회와 윤리	한국지리 탐구, 도시의 미래 탐구, 동아시아 역사 기행, 정치, 법과 사회, 경제, 윤리와 사상, 인문학과 윤리, 국제 관계의 이해	여행지리, 역사로 탐구하는 현대 세계, 사회문제 탐구, 금융과 경제생활, 윤리문제 탐구, 기후변화와 지속가능한 세계
	통합사회1 통합사회2			

출처: 교육부 고시 제2022-33호[별책 4], 고등학교 교육과정, p.27. * 색상 표시한 과목은 도덕과 교과목임

■ 도덕과 교육에서의 유교 사상

2022 개정 시기 고등학교 도덕과 선택 영역과 교과목 변화에도 불구하고, 유교 사상은 도덕과 교육의 주요한 내용 요소를 이룬다. 「인문학과 윤리」에서 불교 윤리 고전은 『금강경』과 『수심결』이, 유교 윤리 고전으로

『격몽요결』과 『논어』와 『목민심서』가, 도교 윤리 고전으로 『장자』가 선정되어 유교의 비중이 높은 편이다.

【 2022 개정 시기 고등학교 도덕과 유교 사상 관련 내용 】

선택	과목	유교 사상 관련 내용
일반선택	현대사회와 윤리	현대생활과 윤리–동양윤리 접근, 생명윤리와 생태윤리–동양 윤리적 관점
진로선택	윤리와 사상	동양 윤리사상, 한국윤리사상, 사회사상–동양의 국가관
	인문학과 윤리	타인과 관계 맺기–『논어』, 공존과 지속가능성–『목민심서』
융합선택	윤리문제 탐구	윤리적 쟁점들을 구체적인 사례 중심으로 탐구–동양의 윤리 이론 적용

【 「고전과 윤리」와 「인문학과 윤리」의 선정 고전 비교 】

2015 교육과정 『고전과 윤리』		2022 개정교육과정 『인문학과 윤리』	
영역	고전(15)	영역	고전(13)
자신과의 관계	『격몽요결』, 『수심결』, 『윤리형이상학 정초』	자신과의 관계	성찰 대상으로서 나	『격몽요결』, 『쾌락』
타인과의 관계	『니코마코스 윤리학』, 『논어』, 『금강경』	타인과의 관계	타인과 관계 맺기	『금강경』, 『논어』
사회·공동체와의 관계	『국가』, 『목민심서』, 『정의론』	사회·공동체와의 관계	자유와 평등	『장자』, 『정의론』
			다양성과 포용성	『자유론』, 『스노 크래시』
자연·초월과의 관계	『공리주의』, 『동물해방』, 『노자』, 『장자』, 『신약』, 『꾸란』	자연과의 관계	공존과 지속가능성	『목민심서』, 『침묵의 봄』
			삶의 의미에 대한 물음	『신약』, 『꾸란』, 『수심결』

* 2022 개정 시기 교육과정에서 빠진 고전은 이탤릭체로, 추가된 고전은 색상으로 표시함.

출처: 교육부 고시 제2022-33호[별책 4], 고등학교 교육과정, pp.433-435.

들어
가며

미래 사회 변화에 대응할 수 있는 역량을 기르기 위한 '2022 개정 교육 과정'이 고시되었다. 2022 개정 시기 고등학교 도덕과는 2015 개정 시기에 진로 선택 교과이던 「고전과 윤리」가 「인문학과 윤리」로 변경되었다. '고전'의 범주를 '인문학'으로 변경하면서, 관련 고전이 몇 권 줄고 영역별 원전 자료도 다수 바뀌었다.

그중 『격몽요결』은 「고전과 윤리」에 이어 「인문학과 윤리」에서도 관련 고전의 하나로 선정되었다. 진로 선택의 시기에 있는 청소년들이 『격몽요결』에서 제시한 열 가지 가르침을 통해 유교 윤리의 현대적 의미를 찾아봄으로써 '성찰 대상으로서의 나'에게 필요한 지침을 마련할 수 있을 것으로 기대한다는 의미일 것이다.

『격몽요결』은 「인문학과 윤리」에서도 첫째 단원 '자신과의 관계' 영역의 관련 고전으로 다루어진다. '자신과의 관계' 영역의 관련 고전은 「고전과 윤리」에서 세 권이었던 것이 「인문학과 윤리」로 바뀌면서 두 권으로 줄었으나, 관련 고전 내용 전체를 다루는 것이 현실적으로 불가능하다. 그래서 『격몽요결』의 입지(立志), 혁구습(革舊習), 지신(持身), 독서(讀書) 등의 내용을 그나마 부분적으로 다룬다.

이 책에서 다루는 『격몽요결』 각 장의 도입 글 열 가지는 도덕 교사의 관점에서 10대 학생의 입장을 고려하고 해석하고 설명한 것이다. 『격몽요결』의 10개 장에서 발췌한 도입 글은 전체적으로 시대적 · 사회적 변화에 맞추어 소개하고 다루고자 하였다.

유교의 예절, 특히 의례의 형식은 오늘날 우리의 행동 양식에 맞지 않는 경우가 많다. 따라서 『격몽요결』에서 다룬 의례는 예절의 의미와 가치에 대한 현대적 해석을 통해 그 정신을 이해하는 정도로 그치고자 한다. 최근 간행된 『명심보감』과 『논어』 등의 해설서를 참고하고 유교 윤리의 도덕 교육적 의미와 맥락을 비판적으로 성찰해 봄으로써, 『격몽요결』에서 다룬 의례의 의미를 비판적으로 음미할 수 있을 것이다.

제1장부터 제3장까지는 『격몽요결』을 이해하고 탐구하기 위한 배경적 지식을 다루고, 제4장에서는 『격몽요결』의 열 가지 가르침을 재구성하여 제시하였다. 제4장은 전체적으로 '고전 속 삶의 의미'를 찾기 위해, 『격몽요결』 각 장의 표제를 드러내는 원문을 발췌하여 설명하고, 이에 대한 탐구활동을 안내하는 방식으로 이루어진다.

세부적으로는 『격몽요결』의 원문을 각 장의 핵심 키워드와 함께 소개하고, '생각 열기'의 탐구 과정을 필자의 경험을 삽화와 함께 설명하는 방식으로 안내한 다음, 핵심 키워드와 생각 열기를 바탕으로 제기될 수 있는 탐구 문제와 내용 등을 '생각 더하기', '명언 읽기', '주요 개념 이해하기', '더 읽기 자료' 등으로 안내하였다.

더불어, 사용자가 대화창에 텍스트를 입력하면 원하는 답을 해 주는 대화형 AI 챗봇 '챗GPT'가 공개된 지 5일 만에 100만 명 이상이 가입할 정도로 돌풍을 일으키고 있는 가운데, 이러한 시대적 흐름에 맞추어 학교 교육이 나아갈 방향에 대해서도 챗GPT 기술과 연계해 볼 필요가 있다는 생각에 '챗GPT에게 묻기'를 추가하였다.

『격몽요결』을 읽기에 앞서 유교 사상에 대한 전반적인 내용을 살펴본다면, 『격몽요결』의 핵심 사상을 쉽게 이해할 수 있을 뿐 아니라 「인문학과 윤리」 과목의 단원 및 주제에 대한 이해 또한 한층 심화할 수 있다.

앞서 펴낸『금강경, 고전과 윤리: 지혜가 있는 삶』에서는 불교 사상의 흐름과 내용을 전반적으로 살펴볼 수 있다면, 이 책에서는『격몽요결』의 재해석과 함께 유교 사상의 흐름과 한국의 유교에 대해 살펴볼 수 있을 것이다. 십 대 청소년들에게는 공부하는 사람이 갖춰야 할 자세와 수기치인(修己治人)을 위해 지켜야 할 행동 규범에 대해 안내하고, 이십 대 청년들에게는 유교 사상의 전반적인 흐름에 대해 살펴볼 수 있을 것이다.

본문 내용에 삽입된 그림은 지금은 취업 준비를 하고 있는 학생의 작품으로 고전을 읽고 느낀 점을 표현한 것이다.『금강경』의 삽화가 수능 후에 읽은 느낌을 그렸다면,『격몽요결』의 삽화는 대학 입학 후 교양으로 읽고 느낀 점을 그림으로 표현한 것이다.『격몽요결』서문의 "이 세상에 태어나 배우고 묻지 않으면 사람다울 수 없다.", "배우지 않는 사람은 마음이 막혀 제대로 알거나 볼 줄 모른다."는 글귀를 통해 하고자 하는 전공 공부의 방향을 정하는 데 많은 도움이 되었다고 한다.

이 책은 현장 교사와 동양사상을 전공한 교수가 고등학교 교과서에 소개되어 있는『금강경』을 풀이한 데 이어 두 번째 결과물이기도 하다. 또한 대학생 교양서적이기도 하면서 임용고사를 앞둔 학생들의 입문서이기도 하다. 필자는 인공지능 시대 챗GPT의 도입 그리고 2022 개정 교육과정과 고교학점제 시행을 앞두고 있는 시점에, 현장에 있는 모든 교사들과 학생들에게 도움이 되었으면 하는 바람으로 이 책을 집필하게 되었다.

부족한 원고임에도 늘 읽어 주고 검토해 주신 교수님, 동료 선생님들께 감사드린다. 이번에도 더 나은 책을 만들기 위해 애써 주신 '책과나무' 양옥매 실장님과 편집부에 고마움을 전합니다.

2024년 2월 저자 일동

3부

『격몽요결』의 가르침

1부

유교 사상의 흐름과 한국의 유교

유교 사상의 형성과 전개

가. 유교 유가, 유학 그리고 유(儒)와 인(仁)

유교(儒敎)는 일반적으로 유가(儒家)나 유학(儒學)과 의미 구별 없이 쓰인다. 그러나 유교와 유가 그리고 유학은 내포하는 의미가 각기 다르다. 유가는 공자의 가르침을 따르는 사상가 집단[家]으로 춘추전국 시대 백가(百家)의 하나, 즉 학파로 일컫는다. 묵가나 도가 등의 사상가 집단과 변별하는 의미를 갖는 만큼 맥락이 분명하다.

유교와 유학은 교수-학습의 과정에서 혼용되기도 하지만, 애써 구별하자면 가르침[敎]과 배움[學]의 의미 차이에 따라 언급의 맥락이 달라지기도 한다. 유교는 가르침을 표방하는 점에서, 공자가 계승한 성왕의 가르침에 따라 덕화(德化)를 실현하고자 하는 도덕적 정치사상을 가리킨다. 반면 배움을 표방하는 유학은 공자가 밝힌 성인의 이상과 군자의 인격을 완성하기 위해 배우고 닦아야 하는 수양과 실천의 체계를 가리킨다. 그런데 유교는 또 교(敎)가 맥락에 따라서는 가르침의 의미보다는 '종교(religion)'의 의미로 쓰이기도 한다. 그런가 하면 유학은 학(學)이 다시 배움의 의미에서 '학문(science)'의 의미로 전변함에 따라, 유교 이론이나 지식 체계를 지칭하기도 한다.

유교와 유가 그리고 유학은 모두 유(儒)를 표방한다. 그런데 유는 원래 공자 이전의 학술지사(學術之士)를 통칭(通稱)하는 이름이던 것이 공문(孔門) 제자를 전칭(專稱)하게 된 것이라고 한다. 유는 제자백가가 일어나 각각의 설을 내세우지 않았던 때 주나라 관학(官學)을 익히고 가르치는 술사(術士)를 일반적으로 지칭하는 이름이었는데, 춘추 초기 주나라 관학이 무너지고 사학(私學)이 일어난 뒤 공자가 관학 교육의 내용을 공문 제자의 주요 교과로 정리함으로써 공자를 창시자로 하는 사상가 집단을 특별하게 가리키게 되었다는 것이다.

유(儒)의 의미에 대해서는 여러 가지 설명과 해석이 있지만, 『설문해자』 등의 자전에 근거하여 유(柔), 유(濡), 윤(潤) 등으로 풀이하는 경우가 많다. 어진 이가 가르친 사람의 도리를 배우고 익혀서 자기 몸에 젖어 들게[濡] 한 뒤에, 부드러운[柔] 모습으로 남을 가르쳐서 그 사람을 가르침에 젖어 들게[潤] 하는 사람이 유라는 것이다. 그런 경우 자기 자신을 도리에 젖어 들게 하는 것이 유의 수기(修己)라면, 남을 도리에 젖어 들게 하는 것은 유의 안인(安人)인 셈이다.

그런데 '유(儒)'는 사람을 의미하는 '인(人)'과 구함이나 바람 또는 필요함을 의미하는 '수(需)'의 형성(形聲)으로 볼 수도 있는 만큼, 유는 그 자원(字源) 해석의 타당성과는 별개로, '사람에게 필요한 것' 또는 '필요한 사람'이라는 의미 정도로 이해해도 좋을 듯하다. 공자는 '군자로서 유가 되어야지 소인으로서 유가 되어서는 안 된다[女爲君子儒 無爲小人儒]'라고 가르쳤는데, 이때의 군자로서 유는 사람에게 필요한 육예(六藝)의 예능과 육경(六經)의 학문을 갖추고 있는 사람 가운데서 꼭 필요한 사람이라는 뜻이다. 그러기에 필요한 사람, 즉 소인이 아닌 군자를 기르기 위해 사람에게 필요한 것, 즉 자신의 인격을 닦고[修己] 정치·사회적 안정과 평화[安人]를 이루는 방법을 가르치고 배우는 것이 바로 유교이자 유학이라고 할 수 있다.

그렇다면, 사람에게 필요한 것 또는 사람이 필요로 하는 것은 무엇인가? 모든 사람에게는 예나 지금이나 의식주가 필수적이다. 동서양을 막론하고 여러 가지 재물(財物)이나 재화(財貨)를 바라고 원한다. 하지만 공자는 사람이 가장 먼저 바라고 구해야 하는 것은 의식주 등의 재물이나 재화가 아니라 인(仁)이라 주장한다. 모든 사람은, 사람에게 인이 없으면 사람이 사람다울 수가 없다는 것을 알고, 스스로 인한 사람[仁者]이 되고 모든 사람에게 필요한 사람[儒]이 되어야 한다는 것이다.

인은 사랑이다. 인의 사랑은 겸애의 사랑이나 아가페의 사랑과 다르다. 로고스의 사랑이나 에로스의 사랑과도 다르다. 인은 사람과 사람이 함께 나누는 사람에 대한 사랑이다. 인은 사람이 사람을 사랑하는 데에서 사람이 사람다울 수 있는 이유를 찾을 수 있는 그런 사랑이다. 그래서 인의 사랑은 사람의 사람다움으로 설명된다. 인(仁)을 인(人)과 이(二)의 합자로 보는 것은, 그 자원(字源)의 타당성과는 별개로, 그 발생적 의미를 두 사람이 나누는 사랑으로 이해하는 데 설득력을 지닌다.

인의 근본은 부모와 자녀 간의 사랑이다. 혈육을 사랑한다는 친친(親親)은 이를 가리키는 말이다. 부모와 자녀 간의 사랑 그리고 그 안에서 이루어지는 형제자매 간의 사랑은 사람이 사람다울 수 있는 본질로서, 하늘이 정한 사람의 도리[天倫]라는 것이다. 오전(五典)은 이를 규정한 것이다. 자녀에 대한 아버지의 사랑은 의롭고[義] 어머니의 사랑은 자애[慈]로우며, 부모에 대한 자녀의 사랑은 효성[孝]스럽고, 형제자매 간의

고교학점제를 위한 인문학과 윤리

사랑은 우애[友]롭고 공경[恭]스러워야 한다는 것이다.

인은 부모와 자녀 간의 사랑을 사람에 대한 사람의 사랑으로 확장해야 하는 사람의 도리이다. 이를 인륜(人倫)이라고 한다. 인륜은 천륜을 포함하여 모든 인간관계에서 이루어져야 하는 사랑을 총칭한다. 이른바 오륜(五倫)이 그것이다. 오전(五典)의 사랑을 대표하는 부자유친(父子有親)을 근본으로 하여 군신유의(君臣有義), 부부유별(夫婦有別), 장유유서(長幼有序), 붕우유신(朋友有信)의 사랑으로 나아가야 한다는 것이다. 그런데 이때 부모와 자녀 간 그리고 형제자매 간의 사랑인 천륜이 이루어지는 출발점은 과정적으로 부부간의 사랑으로 결실을 이루어 가는 남녀 간의 혼인을 기반으로 한다. 그래서 남녀 간의 혼인은 천륜의 기반이요 천륜이 인륜으로 확충되고 재생산될 수 있는 토대이기에, 또 사람의 도리 가운데 가장 중요한 일[人倫之大事]이다.

인은 천륜으로서건 인륜으로 확충으로서건 자기의 사사로움을 극복하고 예를 따름[克己復禮]으로써 이루어진다. 역지사지(易地思之)의 혈구지도(絜矩之道)는 이를 설명하는 말이다. 사람에 대한 사람의 사랑은, 입장을 서로 바꾸어 보면 잘 알 수 있듯이, 자기의 거짓 없는 마음[忠] 그대로[恕] 다른 사람을 대하고, 또 그 마음 그대로 사회질서 규칙인 예(禮)를 준수함으로써 완성된다는 것이다.[2] 그래서 맹자가 말하듯 사람을 사랑하는 사람에게는 대적할 자가 없다[仁者無敵]고 하는 것으로, 따라서 인은 이제 사람이 갖추어야 할 덕목[德]이나 사람과 사람 사이에 지켜야 할 도리[道]로만 그치지 않는다. 천륜에서 시작하여 인륜으로 확장해야 하는 인의 사랑은 결국 정치 사회의 안정과 평화를 이루기 위한 또는 이룰 수 있는 법도[法]가 된다.

그렇다면, 인은 대체 어디에서 기원하는 것일까? 이는 크게 두 가지

방식으로 설명할 수 있다. 사람은 사람에 대한 사랑을, 자기 안에서 느낀다는 것과 자기 밖에서 배운다는 것이 그것이다. 사람에 대한 사랑을 자기 안에서 느끼는 사람은, 인이 자기로부터 비롯한다고 생각하고, 그래서 모든 사람이 선험적으로 내재하고 있는 인을 함양하여 확충해야 한다고 주장한다. 반면 사람에 대한 사랑을 자기 밖에서 배운 사람은, 인이 밖으로부터 획득된다고 생각하고, 모든 사람이 합리적 이성과 행위 의지에 따라 인을 경험적으로 학습하여 습관화해야 한다고 주장한다. 이는 '인간은 태어나는가? 만들어지는가?'를 묻는, 이른바 '본성(nature)이냐 양육(nuture)이냐' 하는 문제와 흡사하다. 이들 두 입장은 인의 기원을 다르게 봄으로써, 인을 가르치고 배우는 교수-학습의 관점 또는 접근법을 달리한다. 선험적으로 내재한 사랑의 도리를 현실화하려는 것과 경험적으로 학습한 사랑의 도리를 객관화하려는 것이 그것이다.

나. 공자, 맹자, 순자의 사상

유교 사상은 중국 선진시기 공자(孔子, B.C.551~B.C.479)를 개조로 시작하여 맹자(孟子, B.C.372?~B.C.289?)를 거쳐 순자(荀子, B.C.298?~B.C.238?)에 이르러 일단락되었다. 역사적으로는 춘추 시대(B.C.770~B.C.403) 말기부터 진나라 시황제가 육국(六國)을 통일한 전국 시대 말(B.C.221)까지, 공문 제자들이 공자의 가르침을 전승해 간 시기의 유교 사상이 이에 해당한다. 선진시기의 유교는 이후 모든 유교 사상의 시원을 이룬다는 점에서 '원시유교'라고도 하고, 유교 사상의 본원으로 자리한다는 점에서 '근본유교'라고도 한다.

공자(孔子), 유교를 창시하다

공자(孔子)는 이름이 구(丘), 자가 중니(仲尼)다. 공자가 활동했던 시대는 춘추 후기이다. 중국 역사상 춘추 시대, 특히 후기는 춘추오패 중 오(吳)의 부차(夫差)와 월(越)의 구천(勾踐)이 주인공인 와신상담(臥薪嘗膽)의 고사에서 보듯이, 정치·사회적인 일대 변동기였다. 맹자가 평한 것처럼 '잘못된 주장과 폭행이 횡행하는[邪說暴行有作]' 세상이요, '신하가 그 임금을 시해하고, 자식이 그 아버지를 시해하는[臣弑其君者有之 子弑其父者有之]' 세상이었다.

공자는 '세상이 타락하고 도의가 사라진[世衰道微]' 현실에 직면하여, 정치·사회적 질서의 회복을 가장 절실하고 중요한 문제로 인식하고, 이를 유교 사상의 기본 골격으로 담아냈다.[3] 당시 공자에게는 정치·사회적 안정과 평화야말로 일생의 화두였던 것으로, 공자는 이를 유교의 근본 사상으로 풀어내고 그 실현을 위해 현실 정치에 참여하는가 하면, 그 사상을 전승하고 후진을 양성하기 위해 교육에도 힘썼다.

그런데 공자는 스스로가 '(옛것을) 서술했을 뿐 창작하지 않았다. 옛것을 믿고 좋아했다[述而不作 信而好古].'라고 주장하였다. 그리고 『논어』의 여러 편에서 보듯이 요(堯)·순(舜)·우(禹)·탕(湯)·문(文)/무(武)가 이룬 도(道)-덕(德)을 칭송하고 있다. 이에 대해『중용(中庸)』에서는 '중니가 요·순을 조종(祖宗)으로 삼아 서술하고, 문·무를 본받아 받들었다[仲尼 祖述堯舜 憲章文武]'고 설명한다. 이에 따르면, 공자가 유교를 창시할 수 있었던 것은 당우(唐虞)와 하·은·주 삼대 문화의 전통을 계승하고, 요·순·우·탕·문/무로 이어지는 성왕 또는 성인의 도-덕을 밝힐 수 있었기 때문이라고 할 수 있다. 즉, 공자는 삼대 문화의 전통과 성왕 또는 성인의 도-덕을 새롭게 해석함으로써 도통의 단서를 모색하였고, 도통의 단서를 근거로 유교를 창시하여 인간을 위한 도-덕을 주장하였으며, 삼대 문화 전통을 육경으로 정리하고 이를 유교의 도-덕을 전수하는 데 활용함으로써 유교의 교학 체계를 확립하였다는 것이다.

그러나 공자가 창시한 유교는 단순히 삼대 문화의 전통을 계승하고 성인의 도-덕을 밝힌 것만으로 그치지 않는다. 공자가 유교를 창시하고 제자를 가르칠 수 있었던 것은, 또 스스로가 '옛것을 익혀 새것을 알아야 스승이 될 수 있다[溫故而知新 可以爲師矣]'고 밝힌 것처럼, 내면적 자각과 성찰을 통해 유교의 학통(學統)을 확립할 수 있었기 때문이다. 공자는 삼대 문화의 전통과 성인의 도-덕을 드러내는 여러 관념에 대해 새로운 의미를 부여하고 있다.

첫째, 삼대 문화의 전통에 따른 예(禮)의 인습성을 인륜의 규범으로 해석함으로써, 인(仁)[4]을 인륜의 최고 덕목으로 주창하고 '군군신신부부자자(君君臣臣父父子子)'라는 정명(正名)의 윤리와 그에 따른 도-덕 정치[德治][5]를 주장하여, 유교의 핵심 사상과 근본 이론을 확립하였다. 둘째, 정치적 유위자(有位者)인 군자(君子)에게 도덕적 유덕자(有德者)의 자격을 요구함으로써, 이상적인 인간상인 성인이 되기 위해 노력하는 군자를 실천적 인간상으로 제시하고, 사랑[仁]의 도리를 실천하는 군자의 수기(修己)와 이를 확충한 안인(安人), 안백성(安百姓)의 도덕 정치사상을 입론하였다. 셋째, 은대(殷代) 종교적 의미의 상제(上帝)와 주대(周代) 정치적 의미의 천(天)을 성인의 도-덕을 중심으로 주체적으로 자각하여 새로운 천명(天命)사상의 토대를 마련함으로써, 한편으로는 도-덕 정치사상의 근거를 확립하고 다른 한편으로는 혁명(革命)사상의 단서를 제공하였다.

공자 생존 당시에 이미 공자의 제자는 천하 각지에서 활약하고 있었다. 그러나 그들은 특히 공자가 세상을 떠난 뒤에는 더욱 뿔뿔이 흩어져 공자의 가르침을 전파해 갔다. 자세한 내용은 알기 어렵지만, 『사기(史記)』나 『한비자(韓非子)』 등의 기록에 따르면 공자의 문인이 매우 많았고 또 여러 학파로 나뉘어 공자 사상을 전승해 갔다고 한다.[6] 맹자와 순자는 공자의 가르침을 전승하는 과정에서 공자 사상을 계승하고 발전시킨 것으로 잘 알려져 있다. 맹자와 순자는 공문 제자 학맥의 두 줄기 흐름을 계승했다고 보는데, 이 두 학맥은 공자 사상의 전변 과정과 밀접한 관련을 맺고 있는 것으로 이해된다.[7]

공자는 사상적으로 오십 세를 전후로 하여 큰 전변을 이루고 있다고 한다. 요컨대 오십 세 이전은 그 취지가 비교적 현실의 경계에 중점을 두어 예악(禮樂)과 정교(政敎) 등의 문제를 중시했다면, 오십 세 이후는 형이상학으로 완전히 기울어 천도(天道)와 인성(人性) 등의 문제에 몰입하게 되었다는 것이다. 오십 세 이전의 공자는 스스로가 '저술을 할 뿐 창작하지 않는다[述而不作]'고 한 것처럼 삼대 문화의 전통과 성인의 도-덕을 계승하기 위해 시, 서와 예, 악을 정리하고 가르친 역사가요 교육자였다면, 오십 세 이후에는 『주역』 연구에 많은 시간과 정력을 기울임으로써 도-덕의 근거에 관한 성명학(性命學)적 탐구의 시원을 연 사상가요 철학자였던 셈이다.

공문 제자 가운데 최연장자는 자하(子夏)요 최연소자는 증자(曾子)로서, 맹자와 순자는 각각 증자의 학통과 자하의 학통을 계승하였다고 한다. 그래서 맹자 사상과 순자 사상의 핵심인 성선설과 성악설이 각각 심성론 중심의 이론과 예악론 중심의 이론으로 드러나는 점에서 보듯이, 맹자가 공자 만년의 성명 사상을 발휘한 증자학파의 전승자라면 순자는 공자 조년의 예악론을 전개한 자하학파의 전승자라 할 수 있다는 것이다.[8]

맹자(孟子), 유교의 이론 체계를 확립하다

맹자(孟子)는 이름이 가(軻), 자는 자여(子輿) 또는 자거(子車)다. 맹자가 활동했던 시대는 전국 중기다. 전국 시대는 전국칠웅이 할거하여 전쟁으로 치달아 간 혼란기였다. 춘추 시대의 춘추오패가 그나마 지켜 왔던 존왕양이(尊王攘夷)의 패도(覇道)마저 사라졌다.

맹자는 공자와 마찬가지로 정치·사회적 안정을 기하여 천하를 바르게 이끄는 길은 도-덕의 실천으로부터 비롯된다고 보았다. 그래서 맹자는 증자에서 자사로 이어진 학통을 사숙으로 계승하고, 공자가 밝힌 삼대 문화의 전통과 성왕의 도-덕을 온 세상에 넓히는 일을 자신의 사명으로 삼았다. 그리고 이에 더하여 소아적(小我的)인 이익 추구에 반대하여 의(義)의 실천을 주장하고[9] 인-의에 의한 왕도정치(王道政治)의 이상을 실현하기 위해 열국(列國)을 주유(周遊)하였다.

그러나 일찍이 정치·사회적 질서를 실현하기 위해 일생 천하를 주유했던 공자의 노력에도 불구하고 질서의 회복은 이루어지지 않았다. 삼대 문화의 전통과 성왕의 도-덕을 계승[聖統/道統]한다는 사명감과 자의식만으로 사회 변화의 흐름을 되돌리기에는 이미 역부족이었다. 오히려 시간이 흐를수록 상황은 더욱 악화하여 정치·사회적으로뿐만 아니라 사상적인 혼란마저 가중되고 있었다. 게다가 제자백가들이 서로 자기주장을 내세움에 따라 사상적 난립이 극에 달했다.

맹자 스스로가 '성왕이 나지 않으니 제후가 방자하고 처사가 멋대로 주장하며, 양주(楊朱)와 묵적(墨翟)의 말이 천하에 가득하니 천하의 말이 양주로 돌아가지 않으면 묵적으로 돌아갔다.'[10]라고 했듯이, 양주와 묵적의 학술이 이미 성행하였다. 신도(慎倒) 및 송견(宋甄) 등이나 장의(張儀) 및 소진(蘇秦) 등도 자기의 주장을 마음대로 펼치고 있었다. 그러나 범람하는 사상들을 조정할 만한 사상적 주류가 당시에는 없었고, 그래서 맹자는 공자가 주창한 도-덕을 밝히고 정치·사회적 질서를 확립하기에 앞서 사상적 난립을 우선하여 극복해야만 했다.

맹자는 이설(異說)을 반박하여 물리치기 위해 부득이 변론하지 않을 수 없었다.[11] 이에 맹자는 공자의 적통(嫡統)을 이은 것으로 자처하고, 체계적인 학설을 건립하여 당시 제자(諸子)의 사설을 반박하는 것을 자신의 임무로 정하였다. 이 과정에서 맹자는 공자가 아직 분명하게 말하지 않았던 것, 혹은 말했더라도 상세하지 않았던 것을 천명(闡明)함으로써 유학의 이론 체계를 확립하고자 노력하였다.

우선, 맹자는 공자가 주창했던 도덕 실천의 근거를 심성 주체의 내면적 자각이나 덕성과 관련지어 규명함으로써 유학의 보편적 도덕성을 확립하고자 하였다. 도덕적 실천의 주체와 인-의의 도-덕을 중시하는 맹자의 관점은 그가 사숙한 유학의 학통을 기반을 둔 것이었다. 그래서 맹자는 사설이 유행하는 사상적 혼란을 극복하고 유학의 절대적 지위를 확립하기 위해서, 인-의의 도-덕에 대한 보편적 근거에 대한 심성론 중심의 견해를 발전시켜 입론하였다. 그리고 이를 위해 성선설을 제창함으로써 도덕적 실천의 선천적·절대적 근거를 심성론적 차원에서 마련하였다.

맹자의 성선설은 심성론적 관점에서 인간 존재의 본질에 주목하여 선천적이고 보편적인 인간의 본성을 그 자체로 선한 것으로 주장하고, 사단(四端)을 통해서 이를 예증한 것이다. 이에 대해 맹자는 도-덕의 주체를 성(性)과 재(才)의 측면으로 구분해서 조명하고, 다시 성(性)을 도-덕의 의리[義]를 추구하는 대체(大體)와 식색(食色)의 이익[利]을 추구하는 소체(小體)로 구별한 다음, 의리와 이익의 구별에 대한 군자의 도덕적 관점에 따라 대체만을 진정한 성으로 규정하고 있다. 따라서 맹자의 성선설에서 말하는 본성은 이른바 사단칠정(四端七情) 중에서 사단만을 말하는 것으로 칠정은 여기에 포함되지 않는다. 이는 공자가 가르친 인-의의 가치 근원과 도-덕 실천의 근거를 확립하고자 했던 맹자에게는 너무도 당연했던 것으로, 맹자는 성선설과 사단설을 주장함으로써 처음으로 유교의 초보적인 이론 체계를 완비하였던 셈이다.

【 맹자의 사단설 】

사단(四端)	사덕(四德)	의미
측은지심(惻隱之心)	인(仁)	불쌍하고 가엾게 여기는 마음
수오지심(羞惡之心)	의(義)	불의를 부끄러워하고 미워하는 마음
사양지심(辭讓之心)	예(禮)	양보하고 공경하는 마음
시비지심(是非之心)	지(智)	옳고 그름을 분별하는 마음

그런데 맹자가 성선설을 주장한 것은 도덕의 실천을 통해 정치·사회적 안정과 질서를 구현하고자 한 것이고, 그런 점에서 성선설은 왕도정치 사상의 논거로 자리한다. 그러기에 맹자는 공자가 주장했던 인에 덧붙여 의를 주장하고, 인-의 도-덕의 내적 규범성을 심(心)·성(性)으로 그리고 그 실천 근거를 지(志)·기(氣)·심(心)으로 구체화하여 입론한다. 나아가 맹자는 인-의 도-덕의 내적 규범성과 그 실천 근거를 토대로 하여 호연지기(浩然之氣)에 대한 양기(養氣)와 양지양능(良知良能)에 대한 존심양성(存心養性)의 수양론으로부터 왕도정치 사상을 정당화하고 있다.

따라서 맹자의 왕도정치는 공자가 주장한 민본(民本)과 덕치를 이어받은 것이지만, 민본과 덕치에 더하여 인정(仁政) 및 혁명(革命) 사상 등을 그 중심 내용으로 포괄한다. 말하자면, 맹자는 공자의 인을 정치 철학적 관념으로까지 확대하여 민본과 인-의 도-덕을 떠나서는 인정과 왕도가 있을 수 없음을 주장함으로써 역대 성왕의 방벌(放伐)과 혁명(革命) 그리고 그에 따른 정권 전이의 정당성을 입론하고 있는 셈이다.

순자(荀子), 유교 이론을 발전 · 계승하다

순자는 이름이 황(況), 자가 경(卿)인데, 경을 자가 아닌 존칭으로 풀이하기도 한다. 순자가 활동했던 시대는 전국 말기이다. 전국 말기는 공자의 시대는 물론이고 맹자의 시대보다 더 정치 · 사회적 혼란이 가중되었고, 사상적인 논변도 궤변이 극에 달했다. 순자는 자하로부터 이어 오는 학통을 사숙하고 공자의 가르침을 현실적으로 계승하고 객관화하는 일을 임무로 삼았다.

순자는 맹자와 마찬가지로 정치 · 사회적 혼란과 무질서, 백가의 사상적 난립과 대립을 시대적 문제점으로 인식하고 있었다. 특히 순자는 '사특한 주장[邪說]을 펴고 간악한 말[姦言]을 꾸려 천하를 어지럽히고, 번거로운 말을 늘어놓아 시비와 치란(治亂)의 기준이 있다는 것을 알지 못하게 하는 사람이 있다.'[12]고 하여, 정치 · 사회적 혼란보다 사상적 난립을 더 근원적인 문제로 인식하였다. 맹자 당시 사상적 난립은 양주의 중생귀기설(重生貴己說)과 초기 묵가의 겸애(兼愛) 및 검약설(儉約說) 등이 중심이었고, 여기에 병가의 주장이 덧붙여졌을 뿐이다. 하지만 순자 당시에는 이에 더하여 장자의 도가 사상과 후기 묵가, 명가 등 이른바 제자백가의 학설이 모두 출현하여 쟁명(爭鳴)하였다. 그래서 순자는 '성왕이 없으니 천하가 혼란하고 간언이 일어나, 군자가 이를 위세로써 임할 수 없고 형벌로써 금할 수 없기에 변설한다.'[13]고 주장하고, 제자백가의 학설을 맹자보다 한층 더 비판하지 않을 수 없었음을 분명히 한다.

순자도 맹자처럼 기본적으로는 정치·사회적 질서를 확립하여 천하를 바르게 이끄는 길이 공자가 주장한 도-덕의 실천에서 비롯한다고 보았다. 그러나 순자는 인-의의 도-덕이 심성 주체의 내면적 자각이나 덕성의 구현에서 비롯된다고 보는 맹자와 관점을 달리하였다. 맹자의 노력에도 불구하고 나아진 것이 없고 오히려 상황이 더 악화된 만큼, 맹자 학설의 한계가 이미 실증을 통해 드러났다고 본 것이다. 따라서 순자는 맹자가 주장한 인-의 도-덕의 한계를 비판하고 이를 넘어서기 위한 도-덕의 실천 근거를 현실적이고 구체적인 맥락에서 모색하지 않을 수 없었다.

그래서 순자는 도-덕 실천의 현실적 기반과 객관적 근거를 중시하는 예악론을 발전적으로 계승함으로써 한편으로 당시의 제가의 설을 비판하고 다른 한편으로 예-의 도-덕의 실천 근거를 경험적으로 입론하고 있다. 이에 더하여 도가의 무위자연이나 명가의 명실론 등 제자백가의 주장을 비판적으로 수용함으로써 인간의 경험적이고 현실적인 사회생활의 토대 위에서 예-의 도-덕의 의의를 밝히고 있다.

순자는 예악론을 중시하는 관점에서 인간의 현실에 주목하여 인간이 욕망을 갖는 존재임을 긍정하고, 또 이러한 인간은 혼자가 아니라 공동체를 이룸으로써 살아갈 수 있다고 규정하고 있다. 나아가 순자는 인간의 공동체적 삶에는 일정한 질서, 즉 예-의가 필요한데 예-의는 성인에 의해 제정된 합목적적 사회 규범으로서 인간은 이를 실천함으로써 인간다운 삶을 살 수 있다고 주장하고 있다. 이것은 순자가 예-의를 인간이

고교학점제를 위한 인문학과 윤리

생존하는 사실에 의거시키고 또 그 기구와 기능을 밝힘으로써 예에 관한 공자 이후의 이론을 합리적으로 조직하고 있는 것으로, 바로 여기에서 순자는 공자의 가르침을 넘어 한 걸음 더 나아갔다고 할 수 있다.

그런데 인간이 무한한 욕망을 갖고 또 예-의의 도-덕에 의해 교화된다면, 자연인으로서의 인간과 사회인으로서의 인간 사이에는 괴리가 있게 된다. 그래서 순자는 또 성악설을 주장하고 맹자의 성선설을 반대하였다. 그러나 순자의 성악설은 문자 그대로 인간이 본래 악인(惡人)이라는 것을 주장하는 것이 아니다. 인간의 욕망과 감정은 악으로 흐를 경향성이 강하다는 경험적이고 자연적인 의미의 성악이다. 이때 순자도 근본적으로 인간이 자주적 주체이며 고유의 통일적 정신을 갖고 있다는 신조를 지니고 있다. 다만 순자는 맹자처럼 낙천적으로 그것을 도덕심이나 도덕성으로 믿지 않고, 인간의 자연적 경향성으로 보고 있을 뿐이다.

순자는 인간이란 욕망을 가진 존재이기에 잘못을 범하거나 바로잡을 수도 있고 그래서 선(善)하게도 악(惡)하게도 될 수 있는 존재라고 보았다. 그런데 순자에 따르면 인간이 욕망을 조절하거나 잘못을 바로잡을 수 있는 것은 크고 맑고 밝은 마음[大淸明心]에 근거한 것인데, 이러한 마음은 선험적으로 갖추어진 인-의의 도-덕 본성에서 얻어지는 것이 아니다. 순자는 사람이 예-의의 도-덕을 학습하고 실천함으로써 마음이 텅 비고[虛] 한결같고[壹] 고요하게[靜] 될 때 대청명심을 가지게 된다고 주장하였다. 예-의의 실천과 인식이 깊어질수록 스스로 도-덕을 체득하게 되어 잘못을 바로잡거나 선하게 되는 것이 확실해진다는 것이다.

이것이 바로 순자 성악론과 예론의 요체로서, 이에 따르면 인간은 누구나 잘못을 범할 수 있지만 예-의의 도-덕을 실천하고 체득함으로써 자기의 잘못을 바로잡고 선하게 되어야만 한다. 이때 예-의의 도덕의 실천과 체득은 학문과 수양에 힘써 성품을 교화함으로써 성취되는 것이지만, 그 성취가 고양되면 스스로 예-의를 제정할 수 있고 나아가 도-덕 교화로써 사람의 성품을 변화[化性]시킬 수 있게 된다. 이것이 바로 성인의 경지로, 이에 순자는 후대의 임금[後王]은 삼대의 성왕[先王]과 같은 성인이 되어야 한다고 주장하였다.

다. 한대(漢代), 당대(唐代), 송(宋)-명대(明代), 청대(淸代)의 유교

유교는 선진시기 이후 시대와 사회의 흐름에 따라 전개 양상을 달리하고 있다. 춘추전국 시대에 형성된 선진 유교는 역사의 변천에 따라 한대(漢代)의 훈고학(訓詁學)적 경학(經學), 당대(唐代)의 훈고와 사장(詞章) 학풍, 송(宋)-명대(明代)의 신유학 또는 이학(理學), 청대의 실학(實學) 적 고증학(考證學) 등으로 전개되었다.[14]

한대(漢代)의 훈고학(訓詁學)적 경학(經學)

순자 이후 유교는 육국(六國)을 통일한 진시황(秦始皇, 재위 B.C.246~B.C.210)과 이사(李斯, ?~B.C.208)가 금서(禁書)를 불태우고 협서율(挾書律)을 어긴 유자(儒者)를 생매장한 분서갱유(焚書坑儒)를 자행함으로써 소멸하는 듯했다. 그러나 그 뒤 한무제(漢武帝, 재위 B.C.141~B.C.87)가 동중서(董仲舒, B.C.170?~B.C.120?)의 건의를 받아들여 5경 박사를 둠으로써 한나라 국교로 자리매김하였다. 이후 한대(漢代) 유교는 훈고학적 경학의 특징을 갖게 되는데, 이때 경학이란 유교 경전(經

典)[15]을 연구하는 학문이라는 뜻이고, 훈고학이란 경전의 글자 · 구절 · 문장에 새김[訓]을 달고 주석[詁]을 하는 학문을 뜻한다.

한대(漢代)의 경학은 금문 경학에서 시작하여 고문 경학이 일어나 대립하고 혼합하는 과정을 거쳤다. 진시황 이후 유교의 경전은 분서(焚書)의 화를 당해 전해지지 못했으나, 갱유(坑儒)의 화를 면한 일부 유자(儒者)들이 생존함으로써 유교의 경전이 전해졌다. 그런데 이때의 경전은 유자가 암송한 내용을 글로 기록함으로써 재편집된 것으로, 당시 서체[今文]인 예서(隸書)로 정리되었다. 그러던 중 한무제가 박사를 대우하자 분서를 피해 숨겨져 있던 선진시기의 경전, 예컨대 한무제 때는 곡부(曲阜)의 공(孔)씨 후예의 집 벽에 숨겼던 옛 서체[古文]의 경전이 나오게 되었다.

하지만 전한(前漢, B.C.202~A.D.8) 시기의 박사는 당시 서체로 된 금문 경전만을 연구하고 가르쳤고, 옛 서체의 고문 경전은 재야에서 연구되었다. 그런데 당시 경학은 유교의 근본정신, 즉 공자가 가르친 삼대 문화의 전통과 성왕의 도-덕을 밝히기 위한 것이었지만, 여기에는 이미 그 시대상이 반영되었고, 그래서 황노사상 · 음양오행설 · 참위사상 · 불교사상 등으로써 유교의 내용을 윤색하거나 유교의 근본정신을 이들 사상과 관련지어 다루기도 하였다.

그러던 중 전한 말기에 유흠(劉歆, B.C.53?~B.C.23)이 고문 경전을 별도로 해석하기 시작하면서 금문과 고문의 대립이 드러나게 되었다. 그러자 후한(後漢, 25~220) 시기에는 금문과 고문을 함께 비교하고 연구하기 시작했고, 이를 위해 경전의 글자 · 구절 · 문장에 새김을 달고 주석을 하는 연구 방법이 정착되고 또 이를 위한 자전(字典)이 편찬되었다. 이 과정에서 정현(鄭玄, 127~200)은 고문 경학과 금문 경학을 종합함으로써 훈고학과 경학의 시조로 존중되었고, 허신(許愼, 30~124)은 불후의 가치를 지닌 최초의 자전『설문해자(說文解字)』를 저술하였다.

당대(唐代)의 훈고와 사장(詞章) 학풍

후한 이후 위·촉·오 삼국(三國)과 위진(魏晉)·남북육조(南北六朝) 그리고 수대(隨代) 의 유교는 불교의 교세가 점점 더 강해져 가운데서 청담(淸談)에 빠지거나 문사(文詞)로 흘렀다.[16] 이후 당대(唐代, 618~907)에는 육덕명(陸德明, 550?~630?), 공영달(孔穎達, 574~648), 안사고(顔師古, 581~645) 등의 대유(大儒)가 나와 유교를 부흥시켰으나, 훈고에 치중할 뿐이었다.[17] 그런데 당 말기에 한유(韓愈, 768~824)가 '문이재도'의 문체 개혁론과 유교의 '도통론'을 그리고 그 제자 이고(李翶, 772~842)가 "복성(復性)"의 '성명론(性命論)'을 주장하였다. 그리고 한유의 문체 개혁론은 이후 당송팔대가(唐宋八大家)[18]의 고문 운동(古文 運動)으로 이어져 이른바 송·명의 신유학 또는 이학(理學)을 여는 선구가 되었다.

송(宋)-명대(明代)의 신유학 또는 이학(理學)

신유학은 송대(宋代) 이후 새롭게 부흥하여 명대(明代)까지 이어졌다. 송대의 신유학은 북송(北宋, 960~1126)의 태종(太宗, 939~997)이 유교를 성학(聖學)으로 권장함으로써 발흥하기 시작하였고, 유자들이 도학(道學)을 주창하고 한·당의 훈고학적 학풍을 일신하면서 본격화되었다. 송대 신유학은 북송오자(北宋五子), 즉 렴계(濂溪) 주돈이(周敦頤, 1017~1073), 소옹(邵雍) 소강절(邵康節, 1011~1077), 횡거(橫渠) 장재(張載, 1020~1077), 명도(明道) 정호(程顥, 1032~1085), 이천(伊川) 정이(程頤, 1033~1107) 등이 선구를 이루었고, 남송(南宋, 1107~1279)의 회암(晦庵) 주희(朱熹, 1130~1200)가 집대성함으로써 일단락되었다.[19]

주자는 북송오자의 학설을 종합하여 신유학을 체계화하였다. 즉 주자는 주렴계를 뿌리로, 이정(二程) 특히 소정자(小程子)인 명도를 근본 줄기로, 그리고 소옹과 횡거를 가지로 하여 북송오자의 학문을 집대성하고 있다. 따라서 북송오자의 학이 주자학의 각론이라면 주자학은 그 각론을 종합한 총론이라고 할 수 있다. 이 과정에서 주자는 북송오자의 성리서(性理書)[20]에 대한 연구 및 편찬[21] 활동을 통해 우주 본체론을 체계화하고 이로써 유교의 성명과 도-덕 그리고 수양과 실천에 대한 형이상학적 토대를 확립하고 있다. 이것이 성즉리(性卽理)를 중심으로 하는 이기론(理氣論)[22], 심성론(心性論)[23], 거경궁리론(居敬窮理論)[24]으로 대표되는 주자학의 이론 체계이다.[25]

주자를 비롯한 북송오자의 신유학은 유교의 부흥이 목적인 만큼, 신유학의 이론 체계도 본질적으로는 유교 사상 및 학문 체계를 근간으로 하지 않을 수 없다. 그런데 유교 사상 및 학문 체계는 유교 경전에 대한 이해와 탐구를 통해 정립될 수 있었기에, 주자는 유교 경전에 대한 정리와 주석[26]에도 심혈을 기울였다. 주자는 이 과정에서 『대학』, 『중용』을 표장하고 『논어』, 『맹자』와 함께 주석하여 사서(四書)로 확정하고, 오경보다 사서를 더 중시하였다. 이에 더하여 사서 공부 방법을 『대학』 → 『논어』 → 『맹자』 → 『중용』의 순서[27]로 제시함으로써, 『대학』과 『중용』을 시작과 끝으로 하는 학문 체계를 확립하였다. 따라서 주자학은 신유학의 이론 체계를 확립하는 데는 물론이고, 유교 경전에 관한 학문 체계를 정립하는 데도 집대성적인 특징을 보여 주고 있다. 이 과정에서 사서오경(四書五經)에 대한 주자의 주석서는 원대 이르러 관리 등용의 필수 교과가 되었는데, 이후 명대에 이르러서는 『역락대전(永樂大全)』, 『성리대전(性理大全)』 등으로 편찬됨으로써 주자학이 가진 관학으로서 지위를 더욱 공고히 하였다.

남송 시기에는 도문학(道問學)보다 존덕성(尊德性)을 중시한 상산(象山) 육구연(陸九淵, 1139~1193)이 주자의 성즉리에 반대하여 심즉리(心卽理)를 제기하고, 형이상학적 이론보다 도-덕의 실천을 강조하였다.[28] 상산의 학풍은 이후 명대(1368~1644) 이르러 양명(陽明) 왕수인(王守仁, 1472~1528)의 심학(心學)으로 정립되어, 정주(程朱)의 성즉리설보다 육왕(陸王)의 심즉리설이 더 성행하였다. 왕수인의 양명학(陽明學)은 심즉리를 중심으로, 일상생활에서 도-덕의 실천에 힘써[事上磨鍊] 자신의 내재적 도덕성을 각성[致良知]하고 인식과 실천을 하나로 해야[知行合一] 한다고 주장하는 점에서 주자학과 구별된다. 예컨대 효는 배우고 익혀서 원리를 이해하는 것이 아니라 부모를 공경하는 자연스러운 마음의 원리를 실현하는 것으로, 효심과 효행은 구분되지 않는 하나로 지행이 합일한다. '앎의 진정한 독실처(篤實處)가 곧 행(行)이요, 행함의 명각정찰처(明覺精察處)가 곧 앎이니, 앎과 행함의 공부는 분리할 수 없다'는 것이다.

그런데 양명이나 주자 모두 도덕성을 함양하고자 하는 점에서는 다르지 않다. 그리고 이때 도덕성이 둘 다 morality를 의미하는 점에서도 서로 같다. 둘의 차이는 도덕성의 본질을 주자가 도덕 본성(moral nature)으로 보는 데 비해, 양명은 도덕심(moral mind)으로 본다는 점이다. 그러기에 주자가 주장하는 성즉리의 리가 객관 사물의 이치와 도덕규범의 원리나 법칙을 의미한다면, 양명이 주장하는 심즉리의 리는 마음으로 체득한 도리를 가리키는 점에서 구별된다. 『대학』의 격물치지(格物致知)

고교학점제를 위한 인문학과 윤리

에 대한 해석이 주자의 객관적 · 사실적 관점과 양명의 주관적 · 도덕적 관점으로 갈리는 이유도 여기에 있다.

명대의 신유학은 정주학파와 주자학, 육왕학파와 양명학 그리고 주 · 륙 절충학파의 세 경향을 보였으나, 이들 경향은 명대 말기에 하나같이 말류(末流)로 흘러, 더 이상 시대정신이나 사상의 지주가 되지 못하였다. 주자학의 학통은 지엽적이거나 복잡한 공리공론(空理空論)만을 일삼은 지 이미 오래되었다. 주자학의 폐단에 반발하여 일어난 양명학의 학통도 도리어 실천은 도외시한 채 덮어 놓고 치양지만을 주장으로써 왕학(王學) 횡류(橫流)에 빠져 광선(狂禪)이나 치선(痴禪)에 가까워져 갔다. 이에 주자학과 왕학 횡류의 폐단을 비판하고 개선하려는 노력이 있었지만, 말류의 대세를 막기에는 역부족이었다.

청대의 실학(實學)적 고증학(考證學)

청나라(1616~1912)가 들어서면서 유교는 또 한 번 변한다. 청대 전기 유교는 이후 실학적 고증학의 특색을 갖게 되는데, 이때 고증학은 유교 고전의 글자 · 구절 · 문장의 새김과 뜻을 고서 등 여러 자료에 근거하여 논리적이고 체계적으로 밝히는 학문이라는 뜻이다. 그리고 실학은 세상에 쓸모[利用厚生]가 있거나 일상생활에 실제 사실에서 옳고 그름을 가릴[實事求是] 수 있는 학문을 의미하는 말이다.

청대 전기의 유교는 명대 말기의 신유학의 학맥을 이은 유자[遺老]들 특히 명말 · 청초의 삼대유(三大儒)라 불리는 황종희(1610~1695), 고염무(顧炎武, 1616~1682), 왕부지(王夫之, 1619~1692) 등으로부터 시작되었다. 그러나 이들 삼대유는 신유학의 폐단과 명나라 멸망(1644)에 대한 반동으로, 학문이란 실제로 쓸모가 있는 것이어야 한다고 생각했다.

그래서 이들은 신유학의 학문 방법과 이론 체계에 대한 비판적인 입장에서, 경험적인 방법으로 널리 배우고 실증적으로 논증하고자 하였다.

그런데 만주족인 청은 한족에 대한 지배를 강화하기 위해 사상적 통제를 가했고, 그에 따라 유자들이 자기가 쓴 글로 인해 화를 당하는 문자옥(文字獄)이 자주 일어났다. 그러자 청대 전기의 유자들은 시의적(時宜的)인 현실 개혁과 이를 위한 현실 비판에 힘쓰기보다 옛 문물이나 경서 등을 실증적으로 연구하고 그에 따른 제도 개선 등을 우회적으로 추구하였다. 그들은 '경학을 버리면 이학도 없다'는 기치를 내걸어 한대의 경학, 특히 고문 경학을 다시 일으키고, 질박하게 고경(古經)에서 직접 유교의 근본정신을 찾고자 하였다. 그 결과 청대 전기의 유교는 널리 자료를 수집·정리하고, 문자나 용어의 고의(古義) 및 예의 고제(古制) 등을 세밀히 밝히는 고증학이 주류를 이루게 되었다.

그러나 고증학은 이후 고문을 중시하고 글자·구절·문장의 새김과 뜻을 밝히기 위한 자료에 치중함으로써 실제와 거리가 멀어져 갔다. 게다가 고증의 결과에 차츰 정밀함을 더하다 보니, 고증이 성인의 인격과 도-덕을 밝히는 수단이라는 사실을 잊게 되었다. 고증 자체를 목적으로 하는가 하면, 성인의 도-덕을 망각하기도 하였다. 하지만 유교 가치 의식이나 기본정신이 역사적 시대성을 띠고 생생히 살아 있을 수 있게 하는 것은 고증 자체가 아니었고, 그래서 청대 후기에는 다시 새로운 학풍이 일어났다.

청대 후기의 유교는 공양학(公羊學)으로 특징짓는다. 공양학이란『춘추(春秋)』에 대한 세 가지 주석 가운데『공양전』을 근본으로 하는 학문이라는 뜻이다. 고문 경전인『좌씨전』이『춘추』의 기록을 역사적 사실로 중시하는 데 비해, 금문 경전인『공양전』은『춘추』의 기록에 담긴 공자의

미언대의(微言大義)를 중시한다. 『춘추』의 미언대의는 국내 · 외적으로
긴박하게 변해 가는 청대 후기의 상황과 현실에서 국가의 대일통(大一
統)을 이루기 위한 정치사상의 이념과 명분으로 작동하였다. 이에 더하
여 『역(易)』의 변통론(變通論)은 정치 · 사회의 제도 개혁을 추진하는 논
거를 제공하였다. 그래서 청대 말기의 공양학은 강유위(康有爲) · 담사동
(譚嗣同) · 양계초(梁啓超) 등이 그러하듯 정치이론으로 전개되어 갔다.

청대의 유교는 이렇듯 고문 경전을 위주로 한 실학적 고증학과 금문
경전, 특히 『춘추공양전』을 위주로 한 공양학 등으로 다양하게 전개되었
지만, 그 배경에는 유교의 도-덕과 경전을 보는 신유학과는 또 다른 관
점이 일관되게 이어지고 있다.

② 한국의 유교

가. 삼국과 고려의 유교

한국 전통 사상의 흐름은 크게 우리의 토박이 사상에 더하여 유교와 불교 그리고 도교 사상의 요소 등이 중심이 되어 전개되었다. 유교를 수용한 시기에 대해서는 기록이 확실하지 않으나, 한자 문화를 본격적으로 받아들이던 때, 특히 한사군 설치와 관련이 있던 것으로 추정하고 있다. 중국과 지리적으로 가까웠던 까닭에, 유교 사상이 고대로부터 수용되어 전통 사상 형성에 중요한 역할을 했다고 보는 것이다.

고구려(B.C.37~A.D.668), 백제(B.C.18~A.D.660), 신라(B.C.57~A.D.935)의 삼국은 한편으로 불교를 공인하면서도 다른 한편으로 유교 경전을 받아들여 연구하였다. 삼국은 유교를 수용함으로써, 율령을 제정하고 국가의 역사를 기록하며 국가의 교육 기관을 설립하는 등 국가 기틀과 정치 체제를 정비할 수 있었다. 삼국은 고구려 광개토대왕비(廣開土大王碑)와 신라 진흥왕순수비(眞興王巡狩碑) 그리고 백제 오경박사(五經博士) 제도에서 보듯이, 모두 유교의 수기(修己)와 안백성

(安百姓)을 통치이념으로 제시하고 효제(孝悌)와 충신(忠信)의 정신을 강조하는 등 유교의 도덕 정치를 지향해 갔다. 이 시기의 유학자로는 『천자문』과 『논어』를 일본에 전한 백제의 왕인(王仁, ?~?), 외교 문장가로 '조강지처 불하당(糟糠之妻 不下堂)'의 윤리를 실천한 신라의 강수(强首, ?~692), 원효의 아들로 유교의 덕치를 강조하고 유교 경전을 이두(吏讀)로 풀이한 설총(薛聰, 655~?) 등이 있다.

신라는 고구려와 백제를 통일한 이후, 국학을 설치(신문왕 2년, 682)하고 유교 교육을 받은 관료를 배출하였다. 그리고 통일신라 후기에는 당나라 국자감에 많게는 100여 명에 달하는 육두품 이하의 자제를 파견하여 10년 정도 수학하고 기간이 차면 귀국하게 하고 다른 학생을 파견하는 유학(留學) 제도를 시행하였다. 이 과정에서 육두품 출신 유교 관료는 왕권과 충효(忠孝)를 중심으로 하는 중앙집권 체제를 확립하는 데에 일익을 담당하였다.

그러나 유교 관료는 신라의 골품(骨品)제도에 따른 신분의 한계를 뛰어넘을 수 없었다. 더욱이 통일신라의 성골과 진골의 왕족이나 귀족들은 불교가 공인 이래로 줄곧 불교를 신봉해 왔다. 따라서 많은 육두품 출신의 유교 관료가 당나라 유학을 다녀와서 신분적 한계를 넘어서고자 했지만, 폐쇄적인 골품제도와 정치적 혼란에 빠진 말기적 상황을 극복하기에는 한계가 있었다. 이 시기의 대표적인 유학자로는 최치원(崔致遠, 857~?), 최승우(崔承祐, ?~?), 최언위(崔彦撝, 868~944) 등이 있었다.

특히 최치원은 12세에 당나라에서 유학하여 18세에 빈공과에 합격하고 24세(881)에 「토황소격문(討黃巢檄文)」을 지은 문장가로 이름을 떨쳤다. 28세(885)에 신라에 돌아온 뒤, 39세(894)에 정치 개혁안인 시무책

(時務策)을 진성여왕(재위 887~897)에게 올리고 관직에 나갔지만, 뜻을 펴지 못한 채 42세(897)에 효공왕(재위, 897~912)이 즉위하자 관직에서 물러났다. 그리고 그 뒤 각지를 유랑하다가 세상을 떠났다. 사상과 시문 모두에서 뛰어난 성취를 보였으나, 그가 지은 많은 시문집은 오늘날 전하지 않고 있다. 현재 전하는 난랑비서(鸞郎碑序)와 사산비문(四山碑文) 등은 자료적 가치를 인정받고 있다.

고려(918~1392)를 건국하고 후삼국을 통일한 태조 왕건(王建, 재위 918~943)은 국가 창업의 공이 불교 등의 신앙에 힘입은 것이 크다고 믿었기에, 불교와 함께 토속적인 신앙과 도교적인 풍수설을 긍정하였다. 그러나 태조가 자손에게 훈계한 것은 훈요십조(訓要十條)의 1조, 2조 그리고 6조에서 보듯이, 불교·토속 신앙·도교적 풍수설 등을 장려하라는 것이 아니라 경계하라는 것이었다. 훈요십조(訓要十條)의 7조, 9조 그리고 10조에서 보듯이, 태조가 후대의 임금에게 가르친 것은 오히려 유교의 민본(民本)과 덕치(德治) 그리고 무일(無逸)의 실천이었다.

고려의 통치이념은 고구려·백제·신라가 그러했듯이 유교의 수기와 안백성을 토대로 하고 있다. 최승로(崔承老, 927~989)의 『시무28조(始務二十八條)』 개혁안이나 이를 수용한 성종(成宗, 재위 981~997)의 정치개혁은 이를 구체화하기 위한 것이었다. 광종(光宗, 재위 949~975)은 지방호족 연합으로 세워진 왕조의 왕권을 강화하고 중앙집권화를 도모하기 위해 과거제를 도입하고 유교 관료를 등용했는데, 이는 유교의 통치이념을 수용하는 것을 전제로 하였다.

그러나 고려 전기는 실질적으로 최충(崔沖, 984~1068)의 문헌공도(文憲公徒)를 비롯한 12공도(十二公徒)의 사학(私學)이 유교의 발전을 주도하였다. 게다가 당시는 당송팔대가(唐宋八大家)의 고문(古文) 운동과 문이재도(文以載道)가 반증하듯이, 유교의 정신보다 화려한 시부(詩賦)와 문장이 더 중시되었다. 그래서 문벌(門閥) 귀족이 중심을 이루는 고려 전기 유교는 시문학 위주의 학풍에서 탈피하지 못하였다. 그리하여 부화(浮華)한 문벌 귀족의 반란과 횡포 등에 반발한 무신정권(1170~1270)이 성립되었고, 이에 고려의 유교는 급격하게 위축되었다. 그러나 그 뒤 성리학(性理學)이 몽골족이 세운 원(元, 1271~1368)의 간섭 아래에서나마 새롭게 도입되면서 유교 부흥의 실마리를 마련하게 되었다.

고려의 성리학 수용은 회헌(晦軒) 안향(安珦, 1243~1306)과 이재(彛齋) 백이정(白頤正, 1247~1323)으로부터 역동(易東) 우탁(禹倬, 1263~1343), 국재(菊齋) 권부(權溥, 1262~1346) 등으로 이어진다. 원나라의 내정 간섭 아래 이루어진 고려의 유교는 성리학 수용(1279) 이후부터 고려 말(1392)에 이르는 동안, 중앙 정계에 새롭게 진출한 중소 지주 출신의 신진사대부(新進士大夫)들이 주도해 갔다. 이들은 성리학을 적극적으로 받아들이고 토지개혁을 주장함으로써 새로운 지배 세력인 권문세족(勸門世族)에 대항하면서 그 배후 세력으로 자리한 원나라와 불교를 배척하고자 하였다.

이들 신진사대부의 위상은 회암(晦庵) 주희(朱熹, 1130~1200)의『사서집주(四書集註)』가 과거시험의 기본 교재로 정해지고, 목은(牧隱) 이색(李穡, 1328~1396), 포은(圃隱) 정몽주(鄭夢周, 1337~1392)에 이어 도은(陶隱) 이숭인(李崇仁, 1347~1392), 삼봉(三峰) 정도전(鄭道傳, 1342~1398), 호정(浩亭) 하륜(河崙, 1347~1416), 양촌(陽村) 권근(權近, 1352~1409), 야은(冶隱) 길재(吉再, 1353~1419) 등이 경연(經筵)에서 성리학과『사서집주(四書集註)』등을 강론해 감으로써 더욱 강화되었다. 특히 고려왕조의 마지막 충신이었던 포은은 "동방 이학(理學)의 시조"라 불릴 정도로 성리학에 정통하였다. 인간의 본성과 존재의 원리를 탐구하는 성리학은 이후 기존의 불교사상이나 도교 사상에서 논의하였던 형이상학적 이론을 대신할 수 있는 사상으로 자리하게 되었다.

나. 조선 전기의 관학

조선은 성리학, 특히 주자학을 국교로 삼았으나 고려 말 조선 초의 신진사대부들은 조선 창업에 참여한 관학파(官學派)와 조선 창업을 반대한 사림파(士林派)로 나뉘었다. 이는 맥락에 따라서는 역성혁명(易姓革命)을 찬성한 부류와 반대한 부류로 나누거나, 선양(禪讓)을 긍정한 부류와 부정한 부류로 나누어 볼 수도 있다.

중앙의 정계에서 역성혁명을 찬성하고 선양을 긍정하는 관학파의 실천 의지, 즉 성리학을 근거로 한 국가의 개혁을 고려왕조 밖에서 완성하려는 정치 활동은 정도전과 권근 등을 중심으로 전개되었다. 삼봉[29]은 『심기리편(心氣理篇)』(1394)과 『불씨잡변(佛氏雜辨)』(1398) 등을 저술하여 불교를 비판하였고, 『조선경국전(朝鮮經國典)』(1394)을 저술함으로써 조선 시대 최초의 공적 법제서인 『경제육전(經濟六典)』(1397)과 성종 때 완성된 『경국대전(經國大典)』의 토대를 마련하였다. 양촌은 『입학도설(入學圖說)』(1390), 『오경천견록(五經淺見錄)』(1405) 등을 저술하고 리(理)와 기(氣), 심(心)과 성(性), 사단(四端)과 칠정(七情) 등의 개념을 중심으로 우주 본체와 인간 심성 문제의 해명에 주력함으로써 조선의 주자학이 전개될 방향 설정에 큰 영향을 끼쳤다.

관학파는 조선의 건국에 적극적으로 참여하여 공신(功臣)의 칭호를 받은 사람들의 후손이라는 의미에서 훈구파(勳舊派)로 지칭하기도 한다. 이들 관학파는 지방에 낙향한 사림들과 달리 중앙의 정계와 학계에서 활동했다. 그런데 이들은 세조(世祖, 재위 1455~1468)의 계유정난(癸酉靖難, 1453)과 단종(端宗, 재위 1452~1455) 폐위 등을 계기로 공을 세운 훈구파(한명회·권람·홍윤성·정인지·신숙주·노사신 등), 사육신(박팽년·성삼문·이개·하위지·유응부·유성원)과 생육신(김시습·원호·이맹전·조려·성담수·남효온)으로 대표되는 절의파(節義派)로 다시 나뉘었다. 그리고 그로 인해 이후 '훈구파'는 세조의 공신들을 지칭하는 용어로 정착되었고, 그래서 조선 건국 시기의 공신들은 '관학파'로 지칭함으로써 혼동을 피하기도 한다.

훈구파는 예종(睿宗, 재위 1468~1469), 성종(成宗, 재위 1469~1494) 때까지 중앙의 정치권력을 장악하고, 정치 집단으로 세력화하였다. 나이 어린 성종이 즉위한 이후 세조 비(妃)에 의해 섭정이 진행되는 과정에서는 훈구파의 권력 독점은 더욱 강화되고, 성종(2년, 1471)의 좌리공신(佐理功臣) 책봉 과정에서도 더 많은 훈구세력이 양산되었다. 이들은 왕실과의 혼인을 통해 외척으로 성장하는가 하면, 훈구세력 가문들끼리의 결혼을 통해 자신들의 권력을 더욱 강화해 갔다. 정치권력을 거대화하고 집중화함으로써 세습적 지위를 확보해 갔던 것이다.

그러나 훈구파는 세조가 조카 단종을 폐위하고 왕위에 올랐기에 그 정통성이 부족했다. 게다가 이들은 조선의 문물제도를 정비하는 데 중요한 역할을 하여 큰 업적을 남겼고, 실용적인 학문에 능하였으며, 편찬 사업에 종사하여 많은 서적을 편찬하기도 하였으나, 학문적으로는 여전히 사장에 치중하여 성리학 본연의 학술적인 면이 소홀했다. 이러한 훈구파의 위상은 성종 때부터 서서히 흔들리기 시작했다. 성종은 처음에는 훈구파에 의존하는 듯했다. 하지만 성종이 훈구파의 전횡을 막기 위해 지방의 사림을 등용하자, 사림파가 훈구파를 누르고 부상하게 되었다. 그리하여 훈구파는 연산군(燕山君, 재위 1494~1506), 중종(中宗, 재위 1506~1544), 인종(仁宗, 재위 1544~1545) 명종(明宗, 재위 1546~1567) 때까지 우여곡절을 겪다가 선조(宣祖, 재위 1567~1608) 이후 사림으로 일반화되었다.

다. 조선 중기와 후기의 성리학과 실학

조선 중기의 성리학

선양으로 포장한 역성혁명을 반대했던 사림파의 실천 의지, 즉 임금에 대한 의리와 지조를 내세우고 몸소 실천하려는 절의 정신은 조선 전기를 지나면서 포은, 도은 그리고 야은으로부터 강호(江湖) 김숙자(金叔滋, 1389~1456)를 거쳐 점필재(佔畢齋) 김종직(金宗直, 1431~1491)에게 이어졌다. 지방에 자리한 사림은 세종(世宗, 재위 1418~1452) 이후 관직에 나아가기도 하였다. 그러나 사림은 세조가 즉위한 뒤에는 강호가 그랬던 것처럼 다시 낙향하여 학문과 후진 양성에 힘썼다. 이들 사림은 야은의 학통을 계승함으로써 임금에 대한 의리와 절개를 중시하고 세조의 계유정난과 단종 폐위 그리고 여기에 적극적으로 가담한 훈구파를 비판하였다. 그리고 훈구파에 대한 비판을 정치·사회적 적폐를 청산하려는 개혁과 도전으로 이어 갔다.

성종은 세조 때부터 중요 관직을 독차지하고 있던 훈구파 공신들을 견제하기 위해 사림들을 언론·문필 기관인 3사(三司) 등의 관리로 등

　　　　　　　　　　　고교학점제를 위한 인문학과 윤리

용했다. 그리하여 사림은 점필재를 필두로 중앙 정계에 진출하기 시작했는데, 점필재가 배출한 한훤당(寒暄堂) 김굉필(金宏弼, 1454~1504), 일두(一蠹) 정여창(鄭汝昌, 1450~1504), 탁영(濯纓) 김일손(金馹孫, 1464~1498) 등이 출사(出仕)함으로써 영남 지방의 사림으로 세력화하였다. 이들 영남 지방의 사림은 훈신(勳臣)들의 장기 집권에 따른 비리로 인해 문란해진 지방 사회의 질서를 재편하기 위해, 세조 말에 혁파하였던 유향소(留鄕所)를 부활시켜『주례(周禮)』의 향사례(鄕射禮)와 향음주례(鄕飮酒禮)를 시행하고자 하였다. 그러나 당시 유향소는 사림의 기반이 강한 몇몇 지역을 제외하고는 권력자의 수탈을 돕는 하부기구와 같았다. 이에 사림은 지방에서는 사마소(司馬所)라는 독립기구를 만들어 대항하고, 중앙에서는 사간원, 사헌부, 홍문관 등 삼사(三司)에 진출하여 훈신과 척신(戚臣)의 비리를 비판함으로써 정치개혁을 추진하고자 하였다.

【 신진사대부 계보도 】

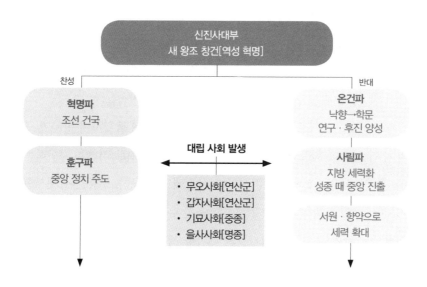

사림의 훈신과 척신에 대한 비판과 정치개혁은 훈구파와 사림파의 충돌을 초래했다. 그리고 그 결과는 사림파가 훈구파의 보복을 받는 사화로 이어졌다. 사림은 무오사화(戊午史禍, 연산군 4년, 1498), 갑자사화(甲子士禍, 연산군 10년, 1504)를 거듭하여 겪으면서 정치적 위상이 크게 위축되어 갔다. 그러나 그러는 와중에도 사림의 정신은 무오사화로 유배 중이던 김굉필을 거쳐 기호 지방의 정암(靜庵) 조광조(趙光祖, 1482~1519)에게로 이어졌다.

정암은 중종 대에 정계에 진출하여 모재(慕齋) 김안국(金安國, 1478~1543), 사재(思齋) 김정국(김정국, 1485~1541) 그리고 충암(冲庵) 김정(金淨, 1485~1521) 등과 함께 왕도(王道)와 지치(至治)에 입각한 도학(道學) 정치를 추진하였다. 그는 천거 제도인 현량과(賢良科)를 통해 사림 28명을 등용시키고, 중종을 왕위에 오르게 한 공신들의 위훈(偉勳)을 삭제하는 등의 개혁정치를 단행하였다. 그리고 주자(朱子)가 증손(增損)한 여씨향약(呂氏鄕約)을 전국에 반포하여 군현마다 시행함으로써 지방 사회를 안정시키고 사림이 주체가 되는 사회 질서를 확립하고자 하였다. 그러나 훈신·척신의 강한 반발로 다시 기묘사화(己卯士禍, 중종 14년, 1519)가 일어났고, 정암은 능주(綾州, 화순의 옛 이름)로 귀양을 갔다가 한 달 만에 사사되었다.

기묘사화를 계기로 기세가 크게 꺾인 사림은 다시 낙향하여 학문 연구와 후학 양성에 힘쓰면서, 서원(書院)과 향약을 토대로 기반을 강화하는 데 주력하였다. 그러나 정치적 우여곡절에도 불구하고 정암이 제시한 지치(至治)와 도학(道學) 정치는 이후 조선 유교의 이념이요 모든 학자의 이상으로 확립되었다. 권력가들의 폐단을 개혁하고 국왕의 권한을 제한하면서 지치의 이념을 정치에 구현하려 했던 사림의 전통은 조선 후기의 지배층이 사회와 국정을 이끄는 기본정신으로 자리하였다. 사림의 학풍은 오히려 기묘사화를 계기로 일반화되어 성리학, 특히 주자학의 주제와 이론에 대한 탐구를 심화해 갔던 것이다.

화담(花潭) 서경덕(徐敬德, 1489~1546), 회재(晦齋) 이언적(李彦迪, 1491~1553), 일재(一齋) 이항(李恒, 1499~1576), 퇴계(退溪) 이황(李滉, 1501~1570), 남명(南冥) 조식(曺植, 1501~1572), 하서(河西) 김인후(金麟厚, 1510~1560), 고봉(高峯) 기대승(奇大升, 1527~1572), 구봉(龜峯) 송익필(宋翼弼, 1534~1599), 우계(牛溪)/호원(浩原) 성혼(成渾, 1535~1598), 율곡(栗谷) 이이(李珥, 1536~1584) 등의 저술과 논변이 바로 그러한 결과요 산물이었다. 영남에서는 퇴계와 남명 그리고 회재, 호남에서는 일재와 하서 그리고 고봉, 기호에서는 율곡과 우계 그리고 구봉 등이 을사사화(乙巳士禍, 명종 즉위년, 1545)의 와중에도 사림의 학술과 사상을 보편화해 갔다.

사림 중에는 기묘사화 이후 화담이나 남명처럼 평생토록 출사하지 않고 재야에서 학문과 후진 양성에 힘쓰는 학자가 있는가 하면, 일재처럼 말년(68세)에 학행으로 천거받아 잠깐 출사한 뒤 물러난 학자도 있었다. 회재는 과거에 급제(중종 9년, 1514)하여 출사하였고, 퇴계도 28세(중종 23년, 1528)에 소과(小科)에서 급제하고 성균관에 들어가 수학하고, 34세(중종 29년, 1534)에 문과에서 급제하여 출사하였다. 퇴계 이후 사림은 서출인 구봉과 소과만 합격하고 문과는 응시하지 않은 우계 등을 제외하면, 하서·고봉·율곡 등이 그렇듯이 과거에 급제하여 출사하였다.

퇴계는 주자의 심성론과 이기론을 연계하여 사단칠정(四端七情)과 이기(理氣)에 관한 이론을 전개하고, 이(理)의 순수성과 절대성을 기(氣)와 섞여 있지 않은[不相雜] 것으로서 중시하고 경(敬)의 수양과 실천에 힘써 도덕 본성에 갖추어진 이(理)의 절대성을 확립해야 한다고 역설하였다. 그는 이(理)는 원리적으로 순선(純善)하고 존귀한 것, 기(氣)는 현상적으로 선악의 가능성을 함께 지닌 비천한 것[理貴氣賤]으로 구별된다고 주장하였다. 또한 기는 물론이고 이도 역시 운동성을 지니고 있다고 보고, 이와 기가 모두 발할 수 있다[理氣互發]고 주장하였다.

퇴계 이론의 특징은 고봉과 주고받은 사단칠정(四端七情)[30] 논변에서 확연하게 드러난다. 논변의 시작은 추만(秋巒) 정지운(鄭之雲, 1509~1561)이 「천명도설(天命圖說)」에서 "사단은 이에서 발하고 칠정은 기에서 발한다[四端發於理 七情發於氣]"고 한 것을 퇴계가 "사단은 이가 발한 것이고 칠정은 기가 발한 것이다[四端理之發 七情氣之發]"라고 수정한 데서 비롯하였다. 퇴계의 수정 내용을 두고 학자들이 논란을 벌이는 과정에서 고봉이 반론을 제기한 것이다.

반론을 전해 들은 퇴계는 고봉에게 편지를 보내, 앞의 수정 내용을 "사단의 발은 순수한 이(理)로서 선하지 않음이 없고, 칠정의 발은 기를 겸하여 선과 악이 있다[四端之發純理故無不善 七情之發兼氣故有善惡]"라고 재수정하는 것으로 제시하였다. 이에 대해 고봉은 사단은 선하지 않음이 없는[無不善] 것으로 순수지선(純粹至善)하고, 칠정은 선악이 있는[有善惡] 것으로 가선가악(可善可惡)하다고 보는 점은 인정하지만, 칠정 외에 사단이 따로 있는 것이 아니므로 사단의 발과 칠정의 발은 따로 말할 수 있는 것이 아니라고 주장하였다. 사단과 칠정을 인심(人心)과 도심(道心)처럼 나누어 대립적인 것으로 이해하면 안 된다는 것이었다.

퇴계는 다시, 이와 기가 따로 있는 것이 아니라[不相離]는 점에서는 사단과 칠정이 모두 정이라고 할 수 있지만, 이와 기가 따로 있는 것이 아님을 강조하고 이와 기가 섞여 있는 것이 아니라[不相雜]는 점을 도외시하게 된다고 지적하고, 사단과 칠정은 모두 정이지만 그 근원[所從來]과 주체[所主]가 다름을 인정해야 한다고 주장하였다. 그러자 고봉은 또 사람과 만물에 대하여 이과 기를 분리하는 것은 가능하지만, 성과 정은 현실적으로 이와 기의 결합한 것으로 선도 있고 악도 있는 것이므로, 이를 분속(分屬)한 것은 타당하지 않다고 주장하였다.

퇴계는 이에 대해, 상호 간의 동이를 대조하고, 자신의 주장을 "사단은 이(理)가 발하고 기(氣)가 이를 따르는 것이고, 칠정은 기(氣)가 발하고 이(理)가 이를 타는 것이다[四端理發而氣隨之 七情氣發而理乘之]"라고 정리하여 답하였다. 이후 퇴계와 고봉은 몇 차례 더 논변을 이어 가면서 상호 합의를 시도하기도 하고, 또 서로 간의 의견 접근이 동본이말(同本異末)식으로 이루어지는 듯이 표현하기도 하였다. 하지만 둘의 논변은 퇴계가 이기불상잡(理氣不相雜)의 관점을 그리고 고봉이 이기불상리(理氣不相離)의 관점을 견지한 데서 비롯한 것이므로, 그 대립은 이론이나 논리로써 해소될 수 있는 것이 아니었다.

율곡도 퇴계처럼 주자의 심성론과 이기론을 연계하여 사단칠정(四端七情)과 이기(理氣)에 관한 이론을 전개하였다. 그런데 율곡은 퇴계와 다르게 기(氣)의 현실성과 제약성을 이(理)와 떨어져 있지 않은[不相離] 것으로서 중시하고 경(敬)과 함께 성(誠)의 수양에 힘써 자신을 완성해야 한다고 주장하였다. 율곡은 이(理)는 무형(無形) · 무위(無爲)하고 기(氣)는 유형(有形) · 유위(有爲)한데, 이와 기는 서로 섞여 있지도 않지만[不相雜] 따로 떨어져 있지도 않고[不相離] 그래서 둘이면서 하나이고[二而一] 하나면서 둘이므로[一而二], 이무위(理無爲)와 기유위(氣有爲)에 따라 기발이승(氣發理乘)이 되고 이무형(理無形)과 기유형(氣有形)에 따라 이통기국(理通氣局)이 된다고 보았다.

그래서 그는 "대저 발하는 것은 기(氣)이고, 발하게 하는 원인자는 이(理)다. 기가 아니면 발할 수 없고 이가 아니면 발하도록 할 수가 없다."는 입장을 견지하고, 퇴계와 고봉의 사단칠정 논변에 대해 고봉을 지지하고, 퇴계를 지지한 우계(호원)와 7년(1572~1578)에 걸쳐 논변을 이어가면서, 사단이건 칠정이건 하나같이 기(氣)가 발동하고 이(理)는 발동없이 기를 타고 있는 것이라고 주장하였다. 율곡은 또 『논어』에 있는 충(忠)과 신(信)은 『중용』에 나오는 성과 그 뜻이 다르지 않다고 보고, 『맹자』의 '반신이성(反身而誠)'의 성실[誠]도 『중용』의 '성실해지려고 노력하는[誠之]' 성실과 같은 뜻이라고 보았다.

　율곡 이론의 특징은 그의 인심도심설(人心道心說)에서 잘 드러난다. 퇴계는 인심(人心)은 칠정(七情)이고 사단(四端)은 도심(道心)이라고 보았고, 그래서 인심은 칠정과 같이 기(氣)에서 발한 것이고 도심은 사단처럼 이(理)에서 발한 것이라 주장하였다. 그러나 율곡은 사단과 칠정이 따로 떨어져 있는 정(情)이 아니듯이, 도심과 인심도 따로 떨어져 있는 심(心)이 아니므로, 처음에 인심이던 것이 나중에 도심이 되기도 하고 처음에 도심이던 것이 나중에 인심이 될 수 있다[人心道心終始說]고 주장하였다. 사단이 칠정에 포함[七包四]되듯이, 도심이 인심에 포함된다는 것이었다.

　물론 율곡도 "도심은 순수한 천리(天理)인 까닭에 착한 것만 있고 나쁜 것은 없다. 인심은 천리도 있고 인욕(人欲)도 있는 까닭에 선할 수도 있고 악할 수도 있다. 마땅히 먹을 때 먹고 입을 때 입어야 하는 것은 성현이라도 면할 수 없는 바이니, 이것이 바로 천리이다. 음식과 성욕 등에 대한 욕망으로 인하여 악한 곳으로 빠지게 되는 것이니, 이것이 곧 인욕이다."라고 주장함으로써, 도심과 인심이 서로 섞여 있는 것이 아님[不

相雜]을 강조하고 있다.

그런데 율곡은 심(心)의 본체인 성(性)은 심이 아직 발동하지 아니한 것[未發]이요, 심이 발동[已發]한 정(情)은 심의 발동에 따라 인심(人心)이 되기도 하고 도심(道心)이 되기도 하는 것이므로, 칠정이 사단을 포함하듯, 인심과 도심이 따로 떨어져 있는 것이 아니고[不相離] 또 인심 도심 모두 칠정과 별개가 아니라고 보았다. "천리(天理)가 사람에게 부여된 것을 성(性)이라 하고, 성과 정(情)이 합하여 한 몸의 주재가 된 것을 심(心)이라 하고, 심이 사물에 응해 밖으로 발한 것을 정(情)이라 한다. 성은 심의 체이고 정은 심의 용이며 심은 기의 미발(未發)과 이발(已發)을 모두 이름한 것이므로, 심이 성과 정을 통섭한다[心統性情]고 한다."라는 것이었다. 이에 율곡은 성(性)은 이(理)이고 심(心)은 기(氣)이며 정(情)은 심(心)이 발한 것이므로, 인욕(人欲)을 따르려는 마음[人心]이 천리(天理)를 따르려는 마음[道心]이 될 수 있도록 수양하고 실천해야 한다고 주장하고 경과 함께 성을 강조하였다.

인종과 명종 이후, 선조(宣祖, 재위 1567~1608)의 즉위를 계기로 척신정치가 종식되고, 정암의 지치·도학 그리고 주자학 이론으로 무장한 사림은 중앙 정계에 활발하게 진출하여 정치권력의 주류로 자리하였다. 하지만 사림은 이후 척신정치의 척결 문제를 둘러싸고 선배 관인과 후배 관인이 동인(東人)과 서인(西人)으로 대립한 것을 시작으로 하여, 여러 붕당(朋黨)으로 거듭거듭 분기해 갔다.

동인과 서인의 분당(선조 9년, 1575)은 장원급제로 문명(文名)이 높던 선비 성암(省菴) 김효원(金孝元, 1542~1590)과 명종(明宗, 재위 1545~1567)의 비인 인순왕후(仁順王后)의 아우로 권세가 높던 손암(巽菴) 심의겸(沈義謙, 1535~1587) 간의 대립이 계기가 되었다. 두 사람은 한 번은 성암의 전랑(銓郎)직 천거를 두고 또 한 번은 손암의 아우 충겸(忠謙)의 경흥부사(慶興府使)직 천거를 두고 대립했는데, 당시 신진 사림은 성암을, 기성 사림은 손암을 각각 지지함으로써 분당하였다. 성암의 집은 도성 동쪽 낙산(駱山) 건천동(乾川洞)에, 손암의 집은 도성 서쪽 정동(貞洞)에 있었기에, 성암을 지지한 신진 사림은 '동인'으로, 손암을 지지한 기성 사림은 '서인'으로 나누어 부르게 되었다.

퇴계와 남명은 동·서 분당 전에 이미 사망했지만, 김효원이 영남 지방 사림의 쌍벽인 퇴계와 남명에게서 배웠고 또 주도적인 인물도 몇몇을 제외하면 퇴계와 남명에게서 수학했기에, 동인의 학맥이 경상도 지방의 사림에 있는 것, 즉 '영남학파'로 인정하였다. 반면 서인은 기호학파의 중심이던 율곡이 동·서의 대립을 조정하려다가 동인 일부의 극단적인 주장에 반발하여 서인임을 자처한 데다 율곡이나 우계와 교유 관계가 있던 경기와 충청 지역의 학자들이 다수였기에 경기와 충청도 지방의 사림에 학맥을 두는 것, 즉 '기호학파'로 받아들였다. 그리고 그에 따라 동인과 서인 분당 이후 거듭되는 사림의 분당은 영남학파와 기호학파의 학맥이 그 배경으로 자리하게 되었다. 한편 호남 지방에는 영남 지방이나 기호 지방과 별도로 일재, 하서 그리고 고봉 등이 있었지만, 이후 걸출한 인재를 배출하지 못했다. 더하여 호남 지방은 전주 출신 정여립(鄭汝立, 1546~1589)의 모반사건 이후 '반역향(叛逆鄉)'으로 낙인찍혀 인재가 거의 등용되지 않았기에 학맥이나 붕당을 형성하기 어려웠다.

영남학파의 주요 인물은 퇴계와 남명이었다. 영남 지방의 사림은 종래에는 퇴계의 학설을 추종했지만, 그 학통은 크게 두 줄기를 이루고 있었다. 퇴계를 종주로 하는 퇴계학파와 남명을 중심으로 하는 남명학파가 그것이다. 퇴계와 남명이 학문적으로 활발하게 교류하고, 그에 따라 문도들이 서로 출입하고 교유하였지만, 학풍엔 차이가 있었다. 남명학파는 영남의 우도(右道: 낙동강 서쪽) 지방을 중심으로, 남명의 절의의 기풍과 실천의 기개를 존숭하고 추종하는 사림들이 유파를 이루었다. 저명한 인물로는 오건(吳健), 김우옹(金宇顒), 정구(鄭逑), 최영경(崔永慶), 김효원(金孝元), 곽재우(郭再祐), 정인홍(鄭仁弘), 정탁(鄭琢), 하항(河沆), 하진(河溍) 등이 있다.

퇴계학파는 영남의 좌도(左道: 낙동강 동쪽) 지방을 중심으로, 퇴계의 덕행을 숭모하고 그 학문 사상을 추종하는 사림들이 유파를 이루었다. 기호학파(畿湖學派)와 쌍벽을 이루던 대표적 영남학파로서 이황에게 수학해 도학·문장·덕행·사업으로 일세의 공명이 된 자가 매우 많았다. 조목(趙穆), 기대승(奇大升), 김성일(金誠一), 유성룡(柳成龍), 남치리(南致利), 이덕홍(李德弘), 황준량(黃俊良), 권호문(權好文), 김륵(金玏), 홍가신(洪可臣), 정사성(鄭士誠), 김사원(金士元), 유중엄(柳仲淹), 조호맹(曹好孟), 박광전(朴光前) 등은 퇴계 문도였다. 정경세(鄭經世), 허목(許穆), 이현일(李玄逸), 이재(李栽), 이상정(李象靖), 유치명(柳致明), 김흥락(金興洛), 이진상(李震相), 곽종석(郭鍾錫), 김황(金榥) 등은 퇴계를 사숙한 이들이었다.

기호학파의 주요 인물은 율곡, 우계, 그리고 구봉이었다. 기호학파의 성리학자들은 율곡의 학설을 추종하였다. 그러나 경기 충청 지방 사림들의 학맥은 율곡은 물론이고 우계나 구봉과도 닿아 있었다. 율곡이 성혼과 논변을 벌였지만 서로의 입장이 대립적인 것만은 아니었고, 또 송익필과는 사단칠정 이기설에 대한 견해를 같이했던 점에서 서로 간의 학문적 갈등이 적었다. 이에 후학들은 세 학자에게서 두루 배움으로써 기호의 학맥을 형성했던 것이고, 그래서 이들을 율곡학파라 하지 않고 기호학파라 하였다. 대표적인 학자는 김장생(金長生), 정엽(鄭曄), 한교(韓嶠), 이귀(李貴), 조헌(趙憲), 안방준(安邦俊), 송시열(宋時烈) 등이다. 이들은 기호의 서인으로서 동·서 분당과 당쟁에 관련되기도 했는데, 우암(尤庵) 송시열(宋時烈, 1607~1689)에 이르러 더욱 심화되었다. 우암 이후 학파의 중심인물로는 권상하(權尙夏), 한원진(韓元震), 이간(李柬) 그리고 김창협(金昌協), 김창흡(金昌翕), 김원행(金元行) 등이 있었다.

영남학파의 주된 관심은 퇴계와 남명 이래로 강상(綱常) 윤리를 확립하여 사회적 도의와 정치적 안정을 구현하는 것이었다. 퇴계나 남명은 이를 이(理)의 절대성 및 순수성과 함께 경(敬)의 실천을 주장함으로써 정당화하고자 하였고, 그래서 영남학파의 학맥은 주리(主理)의 경향을 띠게 되었다. 그런데 퇴계 이후 영남학파의 사림은 한편으로 기호학파의 비판에 대응하여 이기이원론(理氣二元論)과 이기호발설(理氣互發說) 등을 근간으로 하는 퇴계의 학설을 옹호하고 다른 한편으로 기호학파의 이기일원론(理氣一元論)과 기발이승일도설(氣發理乘一途說) 등을 역비판하였다. 그 과정에서 영남학파의 학맥은 이기경위설(理氣經緯說)을 주장한 여헌(旅軒) 장현광(張顯光, 1554~1637) 등 약간의 경향을 달리한 학자도 있었으나, 주리(主理)설로 귀일하였다. 그리고 이런 주리의 경향은 후대로 갈수록 강화하여 종래 이선기후(理先氣後), 이귀기천(理貴氣賤), 이발(理動) 등 이우위(理優位)의 설로부터 이생기(理生氣), 리주기자(理主氣資) 등의 설로 발전하는가 하면, 성(性)을 이(理)라고 한 데서 나아가 심(心)까지도 이(理)라고 주장하기도 하였다.

기호학파의 주된 관심은 율곡 이래로 성리학 이론을 근거로 시세(時勢)를 바로 알아 정치·사회적 폐단을 개혁하고 민생 문제를 해결함으로써 실공(實功)과 실효(實效)를 거두는 것이었다. 율곡은 이(理)와 따로 떨어져 있지 않은 기(氣)의 현실성과 제약성을 주장함으로써 이를 정당화하고자 하였다. 율곡의 이러한 주장은 영남학파로부터 주기(主氣)파로 규정되었으나, 주기가 기호학파의 학통인 것은 아니었다.

물론 수암과 남당으로 이어지는 학맥은 주기적 특색이 강했지만, 그것도 근본적으로는 율곡의 '심시기(心是氣)'설을 중시한 데 따른 것이었다. 또 그나마도 율곡이 퇴계의 이기호발설(理氣互發說)을 비판한 이후 퇴계의 학설을 옹호하는 영남의 학자들이 율곡의 학맥을 주기로 규정한 것을 받아들인 것일 뿐이었다. 그러나 율곡의 기발이승일도설(氣發理乘一途說)은 이기호발설(理氣互發說)에 비하면 주기라고 할 수도 있겠으나, 이기무선후(理氣無先後)와 이기불상리불상잡(理氣不相離不相雜)을 전제하는 만큼, 주리나 주기로 나누어 말할 수 없는 것이었다.

【 붕당의 계보도 】

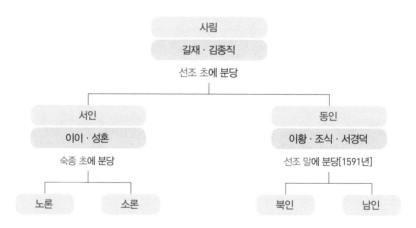

사림
길재 · 김종직
선조 초에 분당

서인
이이 · 성혼
숙종 초에 분당

동인
이황 · 조식 · 서경덕
선조 말에 분당[1591년]

노론   소론

북인   남인

사림은 동인과 서인으로 분당한 이후, 다시 동인은 남인과 북인(선조 25년, 1591)으로, 또 북인은 대북과 소북(선조 32년, 1599)으로, 그리고 서인은 다시 노론과 소론(숙종 6년, 1680)으로, 분당에 분당을 거듭해 갔다. 동인과 서인의 대립은 허엽(許曄, 1517~1580)이 동인의 영수(領袖)가 되고, 박순(朴淳, 1523~1589)이 서인의 영수가 되면서 본격화되었다. 동ㆍ서 대립이 본격화되면서, 처음에는 동인이 우세하여 서인을 공격하였는데, 서인에 대한 동인의 공격이 강ㆍ온으로 갈리어 강경파인 북인과 온건파인 남인이 분당함으로써, 임진왜란 전에 벌써 남인, 북인 그리고 서인의 삼색 파당을 형성하였다.

퇴계와 남명의 문인들은 처음에는 다 같이 동인에 속했으나, 선조에게 세자책봉을 건의[建儲議]했다가 파직된 송강(松江) 정철(鄭澈, 1536~1593)에 대한 처벌 문제를 놓고, 온건파인 남인과 강건파인 북인으로 나뉘었다. 온건파인 남인은 서애(西厓) 류성룡(柳成龍, 1542~1607), 학봉(鶴峰) 김성일(金誠一, 1538~1593) 등 퇴계의 문인들로 한때 정권을 장악했지만, 임진왜란(선조 2년, 1592) 후에 서애가 화의(和議)를 주장하였다는 이유로 실각하고 북인이 정권을 잡자 몰락하였다.

그런데 북인은 정5품 정랑(正郎) 설사(雪簑) 남이공(南以恭, 1565~1640)이 사신(士信) 홍여순(洪汝諄, 1547~1609)의 종2품 대사헌(大司憲) 천거를 반대한 것을 계기로 사신을 지지하는 대북과 설사를 지지하는 소북으로 갈리어, 선조의 세자책봉을 두고 대립하였다. 강건파 북인이었던 남명의 문인들은 정여립 모반사건에 연루되어 상당수가 희생당하기도 했으나, 광해군(光海君, 재위 1608~1623)이 왕위에 오르면서 정계의 주도권을 잡고 대북 정권을 유지하였다.

그런데 대북파는 그 과정에서 남명의 수제자였던 내암(來庵) 정인홍(鄭仁弘, 1536~1623)이 동방오현(東方五賢)의 문묘(文廟) 종사(從祀)를 둘러싸고 논란을 벌이던 중 회재와 퇴계를 비방하는 상소를 올림으로써 『청금록(靑襟錄)』에서 삭제·파문당하였다. 게다가 광해군과 대북파는 소북파를 일소하는 과정에서 영창대군(永昌大君)을 모함·살해하는가 하면, 외척과 그 일족을 처형하기도 하였다. 광해군과 대북파의 이러한 폭정은 오랫동안 대북파에게 눌려 지내던 서인에게 집권할 기회를 주었다. 그 결과가 바로 능양군(陵陽君)을 왕으로 옹립한 인조반정(仁祖反正, 1623)이었다.

인조반정을 전후하여 남명학파의 학맥이 쇠잔해지고 퇴계학파의 학맥은 번성했다. 그리하여 영남 좌도와 우도의 구별이 흐려지고, 퇴계학파의 학맥이 영남학파를 대표하게 되었다. 그런데 그런 와중에 퇴계와 남명을 조종으로 하는 영남학파의 학맥은 근기(近畿) 지방의 남인으로까지 확대되어 또 다른 한 갈래를 형성하였다. 영남학파의 학맥과 근기 남인의 가교(架橋)는 한강(寒岡) 정구(鄭逑, 1543~1620)와 그 학통을 이은 미수(眉叟) 허목(許穆, 1595~1682)이었다. 미수를 영수로 하는 근기 남인의 학자들은 성리학을 응용함으로써 실제 생활을 제도할 것을 주장한 점에서 특징적이었다.

선조	붕당정치	동인→서인	• 사림→동인과 서인 분화(1575) • 동인→남인과 북인 분화(1591)
광해군		북인 집권	• 북인 정권 장악(1608)
인조		서인 집권 남인 참여	• 서인 정권 장악(1623)
효종		서인↔남인	
현종			• 1차 예송(1659) • 서인 우세(기해예송) • 2차 예송(1674) • 남인 우세(갑인예송)
숙종	붕당정치의 변질	일당전제화 노론↔소론	• 경신환국(1680) • 기사환국(1689) • 갑술환국(1694)
경종			
영조	탕평정치	노론 집권 소론 참여	• 탕평책 시작(1728)
정조			• 탕평책 실시 • 노론→시파와 벽파로 분화
순조	세도정치	노론 집권	• 권력 장악: 안동 김씨
헌종			• 권력 장악: 풍양 조씨
철종			• 권력 장악: 안동 김씨

　서인은 동·서 분당 후 당쟁의 중재자였던 율곡이 죽고(1584), 심의 겸이 탄핵을 받아 파직되면서 세력이 크게 꺾였다. 그 뒤로 한때 송강이 동인 정여립의 모반사건(1589)에 대한 국옥(鞫獄)을 주관함으로써 정권을 잡기도 했지만, 이후 광해군의 세자책봉을 건의[建儲議]했다가 선조의 노여움을 사 실각하자 인조반정 때까지는 정권에서 멀어졌다.

　인조(仁祖, 재위 1623~1649)를 옹립함으로써 정권을 장악한 서인은 제2의 세력으로 등장한 남인과 함께 공존하고 대립하면서 이른바 '붕당

정치'를 시행해 갔다. 서인의 천하는 효종(孝宗, 재위 1649~1659) 이후로도 계속되었음에도 당쟁은 오히려 빈번해져 갔다. 현종(顯宗, 재위 1659~1674) 때는 기해예송(己亥禮訟, 1659)과 갑인예송(甲寅禮訟, 1674)을 계기로, 숙종(肅宗, 재위 1674~1720) 때는 경신환국(庚申換局, 1680), 기사환국(己巳換局, 1689) 그리고 갑술환국(甲戌換局 숙종 20년, 1694)을 계기로 서인과 남인이 거듭 다투었다.

그런가 하면 인조반정 이후 공신파인 공서(功西)와 관망파인 청서(淸西)로 나뉘었던 서인은 다시 북저(北渚) 김류(金瑬, 1571~1648)가 북인인 설사를 대사헌으로 추천했던 것을 두고 북저를 지지하는 노서(老西)의 노장파와 반대하는 소서(小西)의 소장파로 갈라져 다투었다. 또 명재(明齋) 윤증(尹拯, 1629~1714) 부친의 묘갈문(墓碣文)을 둘러싸고, 회덕(懷德)에 살던 우암과 이성(尼城)에 살던 명재 사이에 벌어진 회니시비(懷尼是非, 현종 14년, 1673)를 계기로, 사제 관계였던 우암과 윤증이 노장파와 소장파로 결별한 뒤, 다시 경신대출척(庚申大黜陟, 숙종 6년, 1680)에 따른 남인의 처벌을 놓고 강·온의 차이를 보임으로써, 노장파의 강경한 노론(老論)과 소장파의 온건한 소론(小論)으로 나뉘어 다투었다.

서인과 남인 그리고 노론과 서론의 당쟁이 치열해져 갔던 시기에, 수암(遂菴) 권상하(1641~1721)는 율곡과 우암의 학맥을 잇는 기호학파의 정통 계승자였다. 그러나 수암은 스승이던 우암과는 다르게, 당쟁에 초연한 태도로 학문과 교육에 전념하였다. 그는 화담, 퇴계, 고봉 그리고 율곡과 우계 등으로부터 제시된 주자학의 기본 문제를 규명하기에 힘썼다. 그리고 그 과정에서 율곡의 심시기(心是氣)설을 중시함으로써 호락논변(湖洛論辨)이 일어나는 계기를 마련하였다.

호락논변은 인성(人性)과 물성(物性)의 동이(同異)에 관한 논쟁으로, 수암의 제자였던 외암(巍巖) 이간(李柬, 1677~1727)과 남당(南塘) 한원진(韓元震, 1682~1752) 사이에서 제기되었다. 외암은 인성과 물성이 같다고 주장했는데, 남당이 다르다고 주장하자 남당을 상대로 논변을 하게 되었다. 당시 수암은 남당의 입장을 지지했으나 논변의 무익함을 들어 경계하였다. 이에 외암과 남당은 두 차례의 왕복 논변을 끝으로 더 이상 논변하지는 않았다. 그러나 두 사람은 각자의 주장을 굽히지 않았고, 그에 따라 수암의 문하 제자들은 외암을 지지하는 부류와 남당을 지지하는 부류로 나뉘었다. 외암의 동론(同論)을 지지하는 사람은 대개 낙하(洛下: 서울 근교 지방)에 살고 있었기에 '낙학(洛學)' 또는 '낙론(洛論)'이라 불리고, 남당의 이론(異論)을 지지하는 사람은 모두 호서(湖西: 충청 지방)에 살고 있었기에 '호학(湖學)' 또는 '호론(湖論)'이라 칭하게 되었다.

호론과 낙론은 모두 주자(朱子)의『사서집주』를 근거로 삼아 각자의 주장을 입론하였다. 호론은 대개『맹자』생지위성장(生之謂性章)의 주(註), 즉 "이(理)로써 말하면 인의예지(仁義禮智)의 품수(稟受)가 어찌 물(物)이 얻은 바가 전(全)하리오?"라는 설명에 근거로 사람[人]은 오상의 온전함을 얻었으나 짐승[物]은 오상의 온전함을 얻은 것이 아니라고 입론하였다. 반면 낙론은 대개『중용』경(經) 1장의 주(註), 즉 "인(人)과 물(物)이 각각 그 부여된 바의 이(理)를 얻어 건순오상(健順五常)의 덕(德)이 되었다."라는 설명을 근거로 사람[人]과 짐승[物]이 모두 균등하게 오상을 가지고 있다고 입론하였다. 호론과 낙론은 각자의 주장을 주자(朱子)의 설명을 근거로 삼아 입론하였고, 그에 따라 인물성동이논쟁(人物性同異論爭)은 모든 사림의 관심 문제로 부상하였다.

고교학점제를 위한 인문학과 윤리

조선 중기의 사림파는 전기의 관학파가 그렇듯이 성리학, 특히 주자학을 학문적 배경으로 하고 있다. 그러나 조선 중기 사림파의 주자학은 전기 관학파의 주자학과 여러 측면에서 성격을 달리하였다. 조선 전기 관학파의 주자학이 정치개혁의 대원리로 기능했던 반면, 중기 사림파의 주자학은 지치와 도학의 이념적 토대이자 학술 및 사상의 이론적 근거로 기능하였다. 따라서 주자학은 조선 전기로부터 중기에 이르기까지 정치·사회의 안정과 발전에 크게 이바지하였다.

　　하지만 중종 이후 조선 전기 관학파를 흡수한 사림은 점차 주자학의 이론을 배경으로 삼아 붕당을 이루고서 분당과 당쟁으로만 치달아 갔다. 이런 분당과 당쟁은 외적으로 임진년(壬辰年, 1592)과 정유년(丁酉年, 1597)에 걸친 두 차례 왜란(倭亂), 정묘년(丁卯年, 1627)과 병자년(丙子年, 1636)에 걸친 두 차례 호란(胡亂)을 겪고 내적으로는 인조반정(1623)을 겪으면서도 계속되었다. 게다가 후대로 가면 갈수록 분당과 당쟁이 더욱 빈번해졌다. 그런데 주자의 학설은 이렇듯 분당과 당쟁이 치열했던 와중에, 그리고 오히려 그로 인해, 정치와 연결되며 절대화되어 갔다.

　　주자학은 조선 전기 관학의 시기에서는 물론이고 중기 사림이 일반화되던 시기에도 그 학풍이 고착화되거나 획일화되지 않았다. 그런데 사림의 학풍은 사림이 일반화되고 주자학이 정치이념과 학술사상의 근본 이론으로 확고하게 자리한 이후 주자학 일변도로 기울게 되었다. 주자학이 벽이단(闢異端)의 성격을 가지는 만큼, 주자학 이외의 학문을 이단이라 비판하는 경우가 없는 것은 아니었다. 하지만 주자의 학설은 왜란과 호란의 민족적 수난을 겪고 난 뒤 우암을 영수로 한 서인 노론이 집권하면서부터는 정치와 연결되고 또 노론의 집권이 장기화됨에 따라 '일자

일구(一字一句)'라도 주자의 학설에서 벗어날 수 없도록 절대화되고 교조화되었다.

주자학의 교조화는 양대 전란 이후 급격하게 무너져 가는 국가체제와 사회 질서를 사상적 통일을 기함으로써 세워 보려는 노력이었을 수 있다. 그러나 이는 발상 자체가 시대착오적이었다. 당시 급속하게 변화했던 국내·외의 상황 자체가 이미 정치이념과 학술사상의 근본 이론으로서 주자학이 가진 한계를 드러내고 있었다. 그러자 주자학이 가진 한계에 대한 인식에 기초하여, 주자의 학설로 한정하지 않고 유교의 근본 사상으로 돌아가 현실 상황에 대한 해결책을 구하고자 하는 학자들이 양대 전란 이후 나타났다. 남인 계열 백호(白湖) 윤휴(尹鑴, 1617~1680)와 서인 계열 서계(西溪) 박세당(朴世堂, 1629~1703) 등을 대표로 하는 탈주자학 또는 반주자학적 학풍이 발흥한 것이었다.

이들은 주자의 해석을 묵수(墨守)하던 것에서 벗어나 새로운 관점, 특히 실사구시(實事求是) 맥락에서 그리고 유교 경전을 사서 위주의 주자학의 체계가 아니라 육경 위주의 원시유교의 체계로서 이해하고 해석함으로써, 사림의 학풍을 일신하고 또 이를 바탕으로 현실 문제에 대한 해결책을 제시하고자 하였다. 이는 율곡이나 근기 남인과는 또 다른 맥락에서 제시된 개혁 사상의 능동적 발로였다. 그러나 이들은 자신의 주장을 드러내기 어려웠고 또 심한 경우 '사문난적(斯文亂賊)'으로까지 매도되기도 하였다. 하지만 이들이 후대 특히 실학파라 불리는 일군의 학자와 실사구시 사상에 끼친 영향은 상당한 것이었다.

조선 중기 이후 사림이 일반화되고 이어 주자학이 교조화됨에 따라 조선의 양명학 또한 큰 세력을 형성하지도 못하고 크게 발전하지도 못했다. 양명학이 들어온 시기는 정확히 밝히는 어렵지만, 양명(陽明) 왕수인(王守仁, 1472~1528) 생존 시에 그것도 『전습록(傳習錄)』이 초간한 3년 뒤에 전래했던 것으로 보인다. 그러나 『전습록(傳習錄)』의 전래를 곧바로 양명학의 수용으로 보기는 어렵다. 물론 『전습록(傳習錄)』전래 이후 상당수 사림이 양명학을 거부감 없이 수용하거나 적지 않은 관심을 가졌던 것으로도 볼 수는 있다. 하지만 사림은 주자와 대척점에 섰던 상산(象山) 육구연(陸九淵, 1139~1193)에 대한 비판에 익숙해 있던 만큼, 곧바로 육·왕을 같은 계열로 묶어 비판하는 움직임이 나타났다.

퇴계의 『전습록논변(傳習錄論辨)』을 필두로 제기되기 시작한 양명학 비판은 이후 주자학의 교조화가 이루어짐에 따라 더욱 심화해 갔다. 그러던 중 탈주자학적 학풍과 시대를 같이하거나 그보다 조금 앞서 사림의 몇몇 학자들, 특히 지천(遲川) 최명길(崔鳴吉, 1586~1647)과 계곡(谿谷) 장유(張維, 1587~1638) 등이 양명학을 연구하기 시작하였다. 그리고 이후 서계 문하에 출입하던 하곡(霞谷) 정제두(鄭齊斗, 1649~1736)가 서계와 결별하고 강화도의 하곡에서 양명학 연구에 몰두하면서 많은 학자가 몰려들고 문도가 배출되어 하곡학파 또는 강화학파를 이루었고, 근대의 위당(爲堂) 정인보(鄭寅普, 1893~1950)에 이르기까지 약 250여 년간 그 학맥을 이어 갔다.

한편 두 차례 왜란과 두 차례 호란을 겪은 이후 급격하게 변해 가는 국내·외의 상황 속에서 정치 체제의 폐단과 문제점을 극복하고 새로운 사회 질서를 확립하고자 하는 노력이 사림의 일부 선구자들 사이에서 일어났다. 실학사상이 발흥하게 된 것이었다. 이른바 실학이란 임란 이후 대두하여 영조·정조 때 전성했던 학술 경향을 가리키는데, 이러한 실학의 발흥 배경에는 정치·사회적 현실에 대한 자각 및 반성이라는 내적 요인에 더하여, 청대 고증학(考證學)의 영향과 서구 문물의 전래에 의

한 자극이라는 외적 요인이 자리하고 있었다. 송명 이학(理學)의 형이상학적 지향성과 그에 따른 주자학과 양명학의 폐단 그리고 명나라의 멸망 등에 자극되어 일어난 청대의 고증학은 경세(經世)를 위한 실사(實事)와 경험적 실증을 중시함으로써 실학의 선구자들에게 깊은 영향을 끼쳤다.

이에 더하여 이들 선구자는 청나라 사행(使行)과 서양 선교사들을 통해 수용한 서구 문물을 접함으로써 새로운 세계에도 눈을 떴다. 이러한 실학의 선구는 멀리까지 거슬러 올라가 율곡에서 찾기도 하고, 지봉(芝峯) 이수광(李睟光, 1563~1628), 구암(久菴) 한백겸(韓百謙, 1552~1615) 등을 말하기도 한다. 하지만 실학은 반계(磻溪) 유형원(柳馨遠, 1622~1673)에 의해 학이 이루어졌다고 할 만큼, 반계를 실학의 비조로 일컫는다.

라. 조선 후기의 실학과 근대화 시기의 사림

조선 후기의 실학

서인과 남인, 노론과 소론의 당쟁이 치열하던 와중에 신임사화(辛壬士禍, 1721~1722)를 겪은 영조(英祖, 재위 1724~1776)가 왕위에 올랐다. 당쟁의 폐단을 뼈저리게 느꼈던 영조는'짝을 가르지 않고 무리를 가르지 않는다[無偏無黨]'는 탕평(蕩平)책을 도입함으로써 당쟁을 해소하고자 하였다. 이어 정조(正祖, 1776~1800)도 계속해서 탕평책을 실시하였다. 그러나 서인 노론은 다시 폐위된 사도세자를 두고 입장을 달리함으로써 시(時)파와 벽(僻)파로 나뉘었고(영조 38년, 1762), 이후 사도세자를 존숭하려던 정조의 정책(정조 4년, 1780)에 대해 찬성파와 반대파로 갈리어 다투었다.

노론과 서론에 이어 벽파와 시파가 분당해 가던 와중에도 율곡과 우암의 학통을 계승한 서인의 집권은 계속되었다. 하지만 서인은 숙종 이후로부터 정치적 위상에 따라 기호학파의 사상적 관점을 내재적으로 달리하게 되었다. 노론처럼 집권한 세력은 자신들의 기득권을 유지하고자 기존의 정치 질서와 도덕 질서를 옹호하였다. 반면 소론처럼 집권 세력이 아닌 경우에는 율곡처럼 시의(時義)와 실공(實功)에 입각한 정치·사회 개혁을 주장하고 추진하고자 했다. 이는 근기 남인의 재야학자 성호(星湖)와 그 제자 순암(順菴) 등이 경세치용(經世致用)의 학을 주장했던 것과 맥을 같이한다.

반계 이후 실학은 근기 남인의 학맥이 주류를 이루어 갔다. 근기 지방의 남인 재야학자였던 성호(星湖) 이익(李瀷, 1681~1763)과 성호의 제자인 순암(順菴) 안정복(安鼎福, 1712~1792) 그리고 가학(家學)과 사숙(私淑)을 통해 성호의 학통을 이은 다산(茶山) 정약용(丁若鏞, 1762~1836) 등의 이른바 성호학파 또는 경세치용(經世致用)파가 바로 이들이었다. 이들은 토지, 행정기구, 조세 등 농촌 생활의 안정을 토대로 하는 제도 개혁을 주장하였다. 뒷날 실학은 반계가 학을 이루었고, 성호가 학파를 이루었으며, 다산이 학술사조(學術思潮)를 이루었다고 할 수 있을 만큼, 이들 근기 남인의 학맥은 실학의 주요 학통을 이루었다.

집권층 노론파 후예들도 성호를 중심으로 하는 근기 남인의 학맥과 별개로, 또 다른 실학의 학풍을 이루어 갔다. 담헌(湛軒) 홍대용(洪大容, 1731~1783), 연암(燕巖) 박지원(朴趾源, 1737~1805), 초정(楚亭) 박제가(朴齊家, 1750~1805), 추사(秋史)/완당(阮堂) 김정희(金正喜, 1786~1856) 등을 대표로 하는 북학(北學)파가 그것이다. 북학은 청나라의 학술을 가리키는 말이고, 그래서 북학파는 청나라의 학문과 기술을 배워 조선의 현실을 개혁하고자 했던 실학의 학풍을 지칭한다. 이들 북학파는 이용후생(利用厚生)파가 먼저 발흥한 데 이어 실사구시(實事求是)파가 발흥하였다. 연암을 중심으로 하는 이용후생파는 농업뿐만 아니라 상공업의 유통, 생산기구 등 도시 경제를 배경으로 하는 기술 혁신을 주장하였고, 추사에 이르러 일가(一家)를 이룬 실사구시파는 경서·금석(金石)·전고(典故) 등 객관적이고 순수한 학문 연구를 바탕으로 하는 실증적 고증(考證)을 중시하였다.

【 실학의 목표 】

목표: 부국강병, 민생안정		
학파	주장	학자
경세치용	• 자영농 육성, 지주제 부정 • 토지 재분배 : 균전제, 한전제, 여전제, 정전제 • 농병 일치 군사제도, 사농 일치제 · 관료정치 • 국가 수입의 근원: 농업	• 유형원 『반계수록』· 박세당 『색경』 • 이익 『성호사설』· 홍만선 『산림경제』 • 정약용 『목민심서』· 서유구 『임원경제지』
이용후생 (북학파)	• 상공업 육성, 소비 권장 • 농업의 전문화, 상업화, 기술개발 • 청의 문물 수용 • 국가 수입의 근원: 상공업	• 유수원 『우서』· 홍대용 『담헌집』 • 박지원 『열하일기』· 박제가 『북학의』 • 이덕무 『청장관전서』

다산은 근기 남인 가문 출신으로, 어려서는 가학(家學)을 통해 그리고 청소년기에는 성호의 유고(遺稿)를 얻어 보고 사숙(私淑)함으로써 성호

의 사상을 접하고 경세치용의 학문에 뜻을 두었다. 다산은 또 젊어서는 맏형의 처남인 광암(廣巖) 이벽(李檗, 1754~1785)의 소개로 서학(西學)을 접하고, 뒷날 신유사옥(辛酉史獄, 1801)으로 경상도 장기(長鬐)로 그리고 다시 백서사건(帛書事件, 1801)으로 전라도 강진(康津)에서 장기간의 유배 생활을 했던 이유가 될 만큼, 천주교에 자못 관심을 기울였다.

그런데 다산이 활동했던 시기에는 연암이 중심이 된 이용후생파가 이미 부침(浮沈)을 이루었고, 그 대타로 부상한 실사구시파도 이미 완숙기에 접어들어 있었다. 게다가 실사구시파는 이용후생파와 함께 북학파로 아우를 수 있는 만큼, 고증과 훈고를 특징으로 하는 청대 실학의 영향을 많이 받고 있었다. 그래서 다산은 경세치용의 학문에 이용후생의 이념을 더하고, 당시 이단(異端)으로 배척받았던 서학과 불교 그리고 양명학과 고증학 등을 비판적으로 수용함으로써, 실학사상을 집대성하였다.

다산의 실학사상 집대성은 경험적으로는 다산이 문과에 급제(28세, 1789)한 후 10여 년 동안 정조의 신임을 얻어 추진하고 시행했던 정책·활동·기술 등 관료 생활에서 체득한 것과 실제 생활에서 체험한 사회 현실을 반영한 것이었지만, 이론적으로는 18년에 걸친 유배 생활에서 방대한 독서를 통해 유교 경전에서 얻은 유교의 근본정신에 근거하여 탐색하고 연구했던 결과물이었다. 그의 저술은 5백여 권에 이를 만큼 양적으로도 매우 방대하지만, 육경사서(六經四書)를 연구하여 유교의 경학 체계와 근본이념을 밝힌 것과 그 근본이념을 기반으로 정치·사회적 폐단에 대한 개혁안을 논한 일표이서(一表二書: 經世遺表, 牧民心書, 欽欽新書)가 대표적이다. 이들 저술은 다산을 '근세 수사학의 창시자'라고 할 정도로 내용은 물론이고 체계와 논리도 충실하다.

다산은 육경사서를 연구함으로써 유교의 경학 체계를 수립하고 성리학, 특히 주자학의 이기론과 심성론에 내재된 관념성을 극복하고자 하였다. 그는 이를 한마디로 이렇게 주장하였다. "이(理) 자의 의미를 보면, 맥리(脈理: 글이나 사물에 통하는 이치), 치리(治理: 다스리는 이치), 법리(法理: 법률의 이치)의 셋이 있을 따름이다. 형태[形]가 없는 것을 이(理)라 하고 바탕[質]이 있는 것을 기(氣)라 하거나, 천명의 성(性)을 이(理)라 하고 칠정(七情)의 발을 기(氣)라 하는 것은 고거(古據)가 없다."

다산은 사람의 성(性)이란 형이상학적인 실체가 아니라 심(心)이 가진 즐기고 좋아하는 속성, 즉 기호(嗜好)[31]라고 주장하였다. 그는 사람은 두 가지 기호, 즉 영지(靈知) 기호와 형구(形軀) 기호를 가진다고 보았다. 영지 기호는 착한 것[善]을 좋아하고 나쁜 것[惡]을 싫어하며, 올바른 것[德]을 좋아하고 부끄러운 것[恥]을 싫어하는 영성과 지성이다. 형구 기호는 빛나는 색을 좋아하고, 맛있는 음식을 즐기고, 따뜻하고 배부른 것을 좋아하는 욕구와 욕망이다. 영지 기호와 형구 기호는 사람이 가진 마음[心]의 기호라는 점에서 도심(道心)과 인심(人心)으로 볼 수도 있는데, 다산은 이를 근거로 인의예지의 사덕이 선천적인 성(性)으로 갖추어져 있다고 보고 단시설을 주장하는 성리학의 입장을 강하게 비판하였다.

그는 사덕은 사람이 일상적인 행위를 착한 것[善]을 좋아하고 나쁜 것[惡]을 싫어하는 마음으로 실천함으로써 이루어지는 것이고, 이때 사람이 타고난 네 가지 착한 것을 좋아하는 마음씨가 바로 사단이라고 보았다. 그래서 다산은 사단의 '단'의 의미를 '서(緖: 실마리)'가 아닌 '시(始: 시작)'[32]로 풀이하고, 사람은 상제천(上帝天)으로부터 자주지권(自主之權)을 부여받았다고 주장하였다. 인의예지의 사덕은 선천적으로 갖추

고교학점제를 위한 인문학과 윤리

어져 있는 덕성의 실마리가 밖으로 드러나서 이루어지는 것이 아니라 행위의 결과, 즉 선한 마음에서 행동함으로써 이루어지는 만큼, 사람은 도덕적 자율성을 가진 존재로서 선이나 악을 스스로 선택할 수 있다는 것이다.

서인 노론의 집권은 정조의 탕평 정치가 막을 내리고 순조(純祖, 재위 1800~1834) 이후부터 헌종(憲宗, 재위 1834~1849), 철종(哲宗, 재위 1849~1863) 그리고 고종(高宗, 재위 1863~1907) 때까지 이른바 '세도정치'가 시행되면서 그 양상이 달라졌다.

순조 때와 헌종 때는 안동 김씨, 반남 박씨, 풍양 조씨가 그리고 철종 때는 안동 김씨가 왕의 외척으로서 왕의 위임을 받아 권력을 장악하여 조정의 요직을 독점하고 세도정치를 시행함으로써 사림의 의의와 붕당의 의미는 퇴색하였다. 그 뒤 고종 때는 안동 김씨의 세력을 몰아내고 정권을 장악한 흥선대원군 이하응(李昰應, 1820~1898)이 독재적 세도정치를 펴고 외척의 대두를 경계하였으나, 10년 만에 명성황후(1851~1895)에 의해 실각한 뒤로는 여흥 민씨 일족의 외척에 의한 세도정치를 끝으로 조선의 막이 내렸다.

고종이 12세의 어린 나이의 왕위에 오르자(1863), 흥선대원군은 막후에서 세도정치를 단행하고 기존에 교류했던 청을 제외한 모든 나라와의 통상을 단절하는 쇄국정책(鎖國政策)을 실시하였다. 세도정치가 단행되고 쇄국정책이 시행되기 전, 영국 등 서구 열강은 자본주의를 내세워 동아시아 시장의 개방을 요구하였다. 그리고 이들의 무력에 굴복하여, 중국은 영국과 난징조약(南京條約, 1842)을, 일본은 미국과 미일화친조약(美日和親條約, 1854)을 체결하고 개방하였다.

근대화 시기의 사림

조선에 대한 서구 열강의 개방 압력은, 프랑스가 자국의 신부 9인이 처형된 것에 대한 보복으로 강화도를 공격한 병인양요(丙寅洋擾, 1866)와 미국이 자국의 상선(商船) 제너럴셔먼호가 대동강에서 불에 탄 사건(1866)을 빌미로 강화도를 공격한 신미양요(辛未洋擾, 1871) 등에서 보듯이, 흥선대원군의 세도정치 시기에 집중되었다. 조선은 프랑스와 미국의 공격이나 서구 열강의 압력에도 불구하고, 끝내 개방 요구를 거부했다. 이 과정에서 흥선대원군은 전국 각지에 척화비(斥和碑)를 세워 외국과의 통상 및 수교를 거부하는 태도를 분명하게 밝혔다.

하지만 고종은 면암(勉菴) 최익현(崔益鉉, 1833~1906)을 등용(1873)하고, 흥선대원군의 퇴진과 고종의 친정(親政)을 요구하는 면암을 옹호함으로써 대원군과 그 지지 세력을 축출하였다. 이후 흥선대원군이 시행한 쇄국정책은 완화되었다. 그러나 조선은 같은 동아시아 내의 인접국인 일본과 운양호사건(雲揚號事件, 1875)을 빌미로 불평등조약인 강화도조약(江華島條約, 1876)을 체결하였고, 그에 따라 차례차례 개항을 이루어 감으로써 새로운 질서의 국제 사회와 자본주의 시장체제에 편입하게 되었다. 이름하여 근대화 과정에 들어섰던 것이다.

조선 말기의 근대화 과정에서 서구 열강 등의 요구 · 압력 · 공격 등에 대한 사상적 대응은 크게 네 가지로 나타났다. 이른바 위정척사사상(衛正斥邪思想), 개화사상(開化思想), 동학사상(東學思想) 그리고 동도서기사상(東道西器思想)이 그것이다. 이 중 동학을 제외한 나머지는 유교 사상, 특히 조선 중기나 후기의 사림과 직접 또는 간접적으로 관련을 맺고 있다. 그런데 위정척사사상과 개화사상은 일군의 유교 사상가들이 하나의 사조를 이루었던 반면 동도서기사상은 그런 경향을 보이지 않았다.

더하여 위정척사사상은 위정(衛正)의 정(正)과 척사(斥邪)의 사(邪)가, 개화사상은 보수 · 수구와 진보 · 개혁이 상대적인 개념인 까닭에 각각의 구심점이나 지향하는 방향이 명확하다. 그러나 동도서기는 동(東)과 서(西)에 더하여 도(道)와 기(器)까지를 동시에 아우른 데다가 그 각각의 구심점이나 방향도 열려 있어 하나로 규정하기 어렵다.

【 개화파와 위정척사파 】

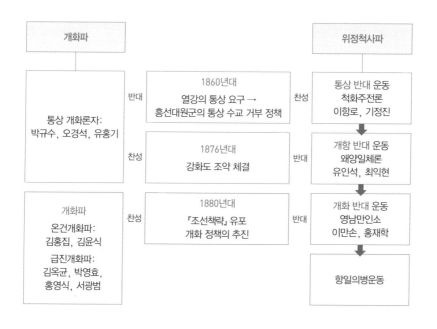

위정척사의 정과 사는 개념적으로 개화의 보수 · 수구나 진보 · 개혁과 별개인 것으로 보인다. 그러나 조선 말기 근대화의 과정에서 둘은 결코 별개가 아니었다. 위정척사의 관점에서 보면 보수 · 수구는 정(正)이고 진보 · 개혁은 사(邪)지만, 개화의 관점에서 보면 보수 · 수구는 미개

(未開)이자 미화(未化)로서 사(邪)이고 진보·개혁이 개화로서 정(正)이 었다. 그래서 위정척사와 개화의 사조를 이루어 갔던 일군의 사상가들은 실제로는 같은 사림이 보수·수구와 진보·개혁의 차이에 따라 입장을 달리했던 것일 뿐이었다. 전자가 기호학파나 영남학파의 학통에 따라 주자학을 옹호하고 교조화해 간 정통파 사림의 계승자였다면, 후자는 기호학파나 영남학파에 학통을 두면서도 유교의 근본정신을 중시하여 탈주자학적 학풍을 이루어 갔던 실학파 사림의 후예들이었다.

위정척사의 사조가 형성되던 시기의 사람은 조선 중기로부터 후기에 이르는 동안 붕당의 분당과 당쟁으로 인해 서로 입장을 달리하거나 반목하던 기호학파와 영남학파가 학파를 초월하여 하나같이 주리론(主理論)을 주장하였다는 점에서 특징적이었다. 그리고 이때의 주리론은 영남학파와 기호학파를 주리(主理)파와 주기(主氣)파로 구별했던 때의 주리와 맥락이나 의미가 달랐다는 점에서 또 다른 특색이 있었다.

이는 사림 전체가 하나가 되어, 이기(理氣)를 가치론적 측면에서 해석하고 자존을 위한 주체성과 윤리 강상을 이(理)의 절대성과 순수성에 기초하여 확립함으로써 서세동점의 추세에 대응하고자 했던 민족의식의 발로였다. 조선 말기 삼대 주리론자, 즉 사승(師承) 관계는 아니나 율곡과 우암의 학통에 속한 근기의 화서(華西) 이항노(李恒老, 1792~1868), 기호의 학맥을 계승한 호남의 노사(盧沙) 기정진(奇正鎭, 1798~1879), 퇴계를 사숙(私淑)한 영남의 한주(寒洲) 이진상(李震相, 1818~1886) 등의 이론과 사상은 이를 상징적으로 보여 주고 있다.

2부

한국의 유교 교육과
율곡의 『격몽요결』

한국의 유교 교육과 과거 제도

가. 삼국, 고려, 조선의 교육기관

우리나라 교육 기관은 삼국 시대 때 완비되었다고 한다. 시대별 학교는 다음과 같다.

【 시대별 교육 기관 】

나라		국 · 공립 학교	사립 학교
삼국	고구려	태학	경당
	백제	박사 제도	-
	신라	국학, 화랑도	-
	발해	주자감	-
고려		국자감, 향교, 학당	12도
조선		성균관, 향교, 학당	서당, 서원

태학은 문헌에 기록된 최초의 국립 대학으로 고구려 소수림왕(2년, 372) 때 만들었다. 나라의 인재를 기르는 데 힘썼던 최고 교육 기관으로, 주로 지배층 자녀를 위한 귀족 학교였다. 유교 경전을 익히고 무예를 수련했으며, 뛰어난 인재들은 중앙 정부의 관리로 등용되었다. 경당은 최고의 관학 교육 기관인 태학과 다르게 청소년을 위한 교육 기관이다. 평민층을 위한 사학 교육 기관이라고는 하지만, 상층민 이상이 수학했을 것으로 본다. 경전과 함께 궁술도 가르쳤다.

국학은 신문왕(2년, 682) 때 설치된 통일신라의 국립 교육 기관이다. 경덕왕 때 태학감(太學監)이라고 했으나, 혜공왕 때 다시 국학으로 고쳐 불렀다. 국학이 있던 자리는 고려 시대에는 향학(鄕學), 조선 시대에는 향교로 이어져 지방 교육 기관의 역할을 담당했다. 현재 경주향교(慶州鄕校)가 있는 곳이 신라의 국학이 있던 곳이다. 국학은 당시 유교의 정치이념에 대한 이해의 필요성에서 대두된 교육 기관으로서 중요한 기능을 담당했다.

국자감(國子監)은 국가의 필요 인재 양성을 위한 고려 최고의 국립 교육 기관이다. 성종(11년, 992) 때 신라의 국학(國學)을 개편하고 정비함으로써 국자감으로 발전했다고 한다. 국자감은 국학(충렬왕 1년)으로 개칭되었다가 다시 성균감(충렬왕 24년)으로 그리고 다시 성균관(충렬왕 34년)으로 개칭되었는데, 이후 조선으로 이어졌다. 국자감은 7개의 전문 강좌[七齋]를 두었는데, 고려의 왕들은 7재의 교육과정을 매우 중시하였다. 7재는 주역(周易)을 공부하는 여택재(麗澤齋), 상서(尙書)를 공부하는 대빙재(待聘齋), 모시(毛詩)를 공부하는 경덕재(經德齋), 주례(周禮)를 공부하는 구인재(求仁齋), 대례(戴禮)를 공부하는 복응재(服膺齋), 춘추(春秋)를 공부하는 양정재(養正齋), 무학(武學)을 공부하는 강예재(講藝齋)로 구성되었다. 강예재는 고려의 과거 제도에 무과(武科)가 없었음에도 여진과의 관계 문제로 설치되었었는데, 1133년(인종 11) 문신들의 반대로 폐지되었다. 국자감은 신분에 따라 입학 자격에 제한을 두었다.[33]

향교(鄕校)와 학당(學堂)은 국자감 다음가는 국립 교육 기관이다. 고려는 국자감과 별개로 중앙에 동서학당을 두고 지방에는 향학을 두었다. 지방의 향교는 처음에는 향학(鄕學)이라 불렸었고, 중앙의 동서학당은 후에 5부학당(五部學堂)으로 정비되었다.

십이도(十二徒)는 고려 문종(9년, 1055) 때 최충(崔沖)의 구재학당(九齋學堂)을 시초로 한 12개 사학(私學)의 생도(生徒)를 총칭한 것이다. 최충의 문헌공도(文憲公徒)처럼 설립자의 시호를 존중하여 '12공도(十二公徒)'라고도 한다. 구재(九齋)에서 보듯이, 공부하는 내용에 따라 교육 과정을 달리하고는 있지만, 전체 교육 내용은 9경[주역(周易)·상서(尙書)·모시(毛詩)·의례(儀禮)·주례(周禮)·예기(禮記)·춘추좌씨전(春秋左氏傳)·춘추공양전(春秋公羊傳)·춘추공량전(春秋穀梁傳)]과 3사[사기(史記)·한서(漢書)·후한서(後漢書)]를 중심으로 하면서 시부(詩賦)와 사장(詞章)까지를 아우르고 있다. 국학, 특히 국자감의 역할이 과거를 중시하는 사회 풍조와는 상반하여 유명무실해지자, 과거 지망생이 사학 십이도로 몰려들었다. 사학 십이도의 관계 진출이 활발해지는 반면, 고려의 관학은 더욱더 유명무실해져 갔다.

서당과 서원은 조선의 사설 교육 기관이다. 서당은 오늘날 초등학교에 해당하는 곳으로, 보통 7~15세까지의 아이들로 구성되어 있으며, 『천자문』, 『동몽선습』, 『명심보감』[34] 등을 공부했다.

　서원은 조선 중기 이후에 학문을 연구하고 선현들의 제사를 지내기 위하여 사림이 세운 사설 교육 기관이다.[35] 조선 건국 초부터 중앙에서 주도권을 잡던 훈구파와는 달리 사림은 15세기 말 성종 때에 이르러 중앙으로 진출하였지만, 훈구파와 대립하다가 밀려난다. 자신들의 유교적 이념을 정치에 반영하는 데 실패한 사림들은 고향으로 돌아와 학문을 연구하고 인재를 양성하기 위해 서원을 세웠다. 유교 이념을 바탕으로 중앙에서 못다 펼친 꿈을 위해 자신들이 속한 향촌 사회에서 자치 규약인 향약을 만들기도 하였다.

【 서원 배치도 】

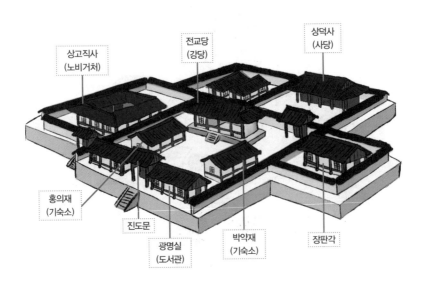

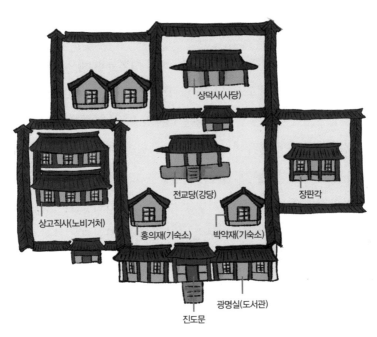

고교학점제를 위한 인문학과 윤리

【 향교 배치도 】

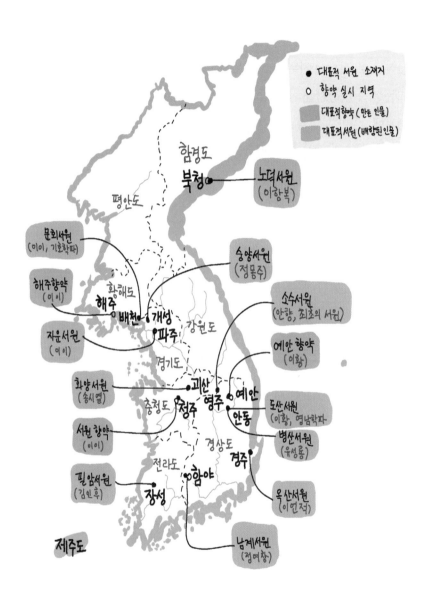

향교와 4부 학당 및 성균관은 조선의 국립교육 기관이다. 지방의 향교와 중앙의 4부 학당은 오늘날 중·고등학교에 해당한다. 향교는 국가가 지방에 설립한 중등교육 기관으로서 서당을 마친 15세 전후의 학생이 공부하는 곳으로, 공자의 훌륭한 덕을 기리는 제사를 지내기도 하였다. 향교는 기숙사 생활을 할 수 있고 군역(지금의 군대)을 면제받을 수 있었기 때문에, 일반 평민의 아이들이 선호하는 교육 기관이었다. 향교의 건물은 기본적으로 제사를 지내는 공간인 대성전(大成殿)과 학문을 닦고 연구하는 공간인 명륜당(明倫堂)의 두 영역으로 구분하였다. 경사진 곳은 전학후묘 배치에 따라 외삼문 안에 명륜당을, 내삼문 안에 대성전을 두고, 평지는 전묘후학 배치에 따라 외삼문 안에 대성전을, 내삼문 안에 명륜당을 두기도 하고 병렬식으로 둘을 나란히 두기도 하였다.

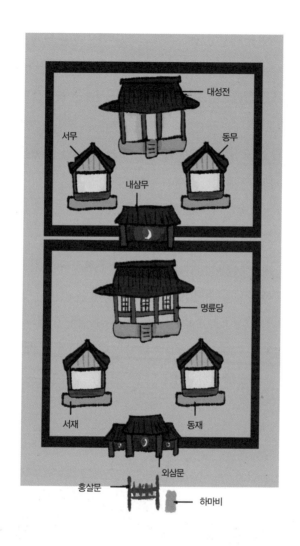

제향 공간인 대성전에는 동무(東廡)와 서무(西廡)가, 교육 공간인 명

륜당에는 동재(東齋)와 서재(西齋)가 부속되어 있다. 대성전은 공자와

중국의 4성(四聖) 그리고 송조이현(宋朝二賢)을, 대성전에 비해 격이 낮

은 건물인 동무와 서무는 우리나라 18현을 봉안하는 곳이었다.[36] 그러나 1951년 이후에는 대성전에 중국 성현만 봉안하는 것은 사대주의적 발상이라 하여, 18현을 대성전으로 옮겼다. 동무와 서무는 현재 서고로 사용하고 있다. 명륜당은 '인륜을 밝히는 집'이란 뜻으로 인간관계를 체계화한 오륜(五倫)을 강론했던 공간이다. 동재와 서재는 학생들의 숙식과 공부를 위한 기숙사로, 동재는 주로 양반이, 서재는 평민의 자제들이 사용했다. 외삼문(外三門)은 향교에 들어오는 사람의 마음을 경건하게 하고, 교육 공간에 잡인의 출입을 금하기 위해 설치하였다.

향교(鄕校)는 지방의 유학 교육을 목적으로(조선 시대 1읍 1교), 경주·전주·강릉·옥천·밀양 등 전국 각지에 분포되어 있다. 각지의 향교가 위치한 곳을 교동(校洞)[37]이라 부른다. 그런데 우리나라 최초 가장 오래된 향교는 강화의 교동(喬桐) 향교인데, 이 교동은 강화의 옛 지명이다. 강화의 교동 향교는 고려 충렬왕 12년(1286)에 안향이 원나라에 사신으로 갔다가 공자와 주자 상을 가지고 와서 봉안한 데서 비롯된 곳으로 인천 유형문화재 28호로 지정되었다.

【 강화 교동향교 】

외삼문(향교 입구)

명륜당(교육 공간)

동재(기숙 공간)

4부 학당은 서울의 동·서·중·남에 학교를 각각 하나씩 설치하였는데, 기숙사 제도를 마련하여 그 비용을 국가에서 부담하였다. 학당에는 교수 2인, 훈도 2인을 두고 성균관 전적 이하의 학관이 겸임하도록 하였다. 학당의 입학 자격은 8세의 양인 이상의 신분으로 정원 100이며, 소학(小學)과 사서(四書)[38]를 중심 교과목으로 교육하였다. 15세가 되어 승보시(陞補試)[39]에 합격하면 성균관 기재(寄齋)에 입학할 수 있는데, 기재생은 성균관의 유생과 똑같은 대우를 받았다.

성균관은 현재 대학교에 해당하는 최고 국립 교육 기관으로, 소과(小科)에 합격해야 입학할 수 있고, 여기에서 300일 동안 공부해야 대과(大科)를 치를 수 있었다. 성균관은 교육 기관인 동시에 공자와 그의 제자들 그리고 조선을 대표하는 성리학자들의 제사를 지내기도 하였다.

서울에 있는 성균관대학교 안에는 조선 시대 최고의 국립 교육 기관인 성균관과 공자를 비롯한 여러 성현의 위패를 모신 제향 공간인 문묘의 주요 건축물이 보존되어 있다. 평지의 전묘후학 배치에 따라, 대정전을 중심으로 한 문묘가 앞에 명륜당을 중심으로 한 성균관이 뒤에 있다.

【 성균관 배치도 】

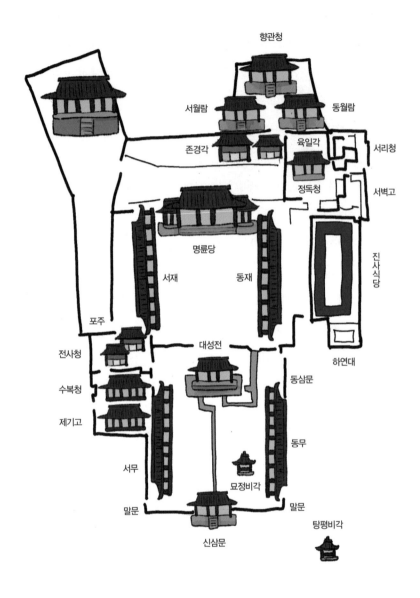

고교학점제를 위한 인문학과 윤리

나. 조선의 과거 제도

관리를 선발하던 국가시험제도인 과거 제도는 고려 광종(9년, 958) 때 왕권을 강화하기 위한 정책으로 도입되었다. 처음에는 비교적 절차가 단순했으나 관료체제가 정비되어 감에 따라 더욱 체계화되고 중요시되었다. 초기의 과거시험은 제술과(製述科: 進士科)·명경과(明經科)·잡과(雜科: 醫卜科)를 두었다. 제술과와 명경과는 문관 등용 시험으로, 고려 시대를 통틀어 제술과의 합격자 수는 6,000여 명인 반면 명경과 합격자는 450여 명 정도로, 당시 귀족들은 제술과를 중요시했으며 잡과는 그 격이 낮았다. 이 밖에 승려의 등용문인 승과(僧科: 敎宗試와 禪宗試)가 있었고, 무신(武臣)의 등용문 무과(武科)는 1390년(공양왕 2)에 실시되었으나, 큰 영향을 주지 못하여 없는 것과 같았다. 과거의 응시 자격은 양인(良人) 이상이지만 농민은 사실상 응시하지 못하였고, 천민이나 승려의 자식은 응시할 수 없었다.

고려 시대 과거는 초기에는 매년 실시됐으나, 성종 때는 3년[式年試]에 한 번씩, 현종 때는 격년으로 바뀌었고, 그 후 다시 매년 또는 격년으로 실시되었다. 1차 시험은 중앙(개경)에서 선발한 자를 상공(上貢), 지방에서 선발한 자를 향공(鄕貢), 외국인 중에서 선발한 자를 빈공(賓貢)으로 하고, 국자감(國子監)에서 이들을 대상으로 2차 시험(국자감시: 재시)을 치러 다시 선발하였다. 2차 시험에 합격한 자[貢士], 국자감에서 3년 이상 수학한 학생, 벼슬에 올라 300일 이상 경과한 자는 최종 시험인 3차 시험[東堂監試]을 보았다.

【 고려 시대의 과거 제도 】

1차 시험	• 상공: 중앙(개경) 합격자 • 향공: 지방 합격자 • 빈공: 외국인 합격자		문과 ┬ 제술과 　　　└ 명경과		관료
2차 시험	• 1차 시험 합격자(상공, 향공, 빈공): 국자감시: 재시		음서		
			잡과		기술관
3차 시험	• 2차 시험 합격자 • 국자감에서 3년 이상 수학학 학생 • 벼슬길 올라 300일 이상 경과자		승과 ┬ 교종선 　　　└ 선종선		승관

고려 시대 과거의 합격자는 제술과는 갑(甲)·을(乙) 2과, 명경과는 갑·을·병·정 4과인데, 정원은 없었으나 중기 이후 대체로 33명으로 정해졌다. 최종 시험에 합격한 자에게 홍패(紅牌)를 주었고, 1등을 장원(壯元), 2등을 아원(亞元:榜眼), 3등을 탐화(探花)라고 하였으며, 빈공에서 합격한 자를 별두(別頭)라고 하였다.[40] 한편 고려 시대에는 과거 이외에 5품 이상인 관리의 자제에게는 1명에 한하여 정치적 특혜를 인정하여 과거시험을 거치지 않고 관리에 채용하는 음서(蔭敍) 제도가 있었다. 고려의 과거 제도는 학벌이 형성되어 출세의 배경이 되기도 했지만, 의종 이후 문란해져 갔다.

조선 시대에 관리가 되기 위해서는 과거에 합격하여야 했으며, 교육의 기회나 과거 역시 양반들이 독점하였다. 양반사회에서 가장 중요시된 문관 채용 시험은 소과 생진과와 대과 문과의 두 단계이다.

【 조선 시대의 문관 채용 시험 】

초등교육	중등교육	관리후보자시험	최고교육	관리선발시험
개인교습	4부학당(수도권)	소과(생진과)	성균관	대과(문과)
동몽선습 등	격몽요결 등			

생진과는 4서 5경을 시험 보는 생원과와 시, 부, 표, 책 등 문장으로 시험 보는 진사과로 나뉘는데, 초시와 복시에 모두 합격하면 '생원' 또는 '진사'라고 불렀다. 생원과 진사는 성균관에 입학하거나 대과에 응시할 자격을 부여받았는데, 대과에서도 초시와 복시를 통해 합격하면 전시를 치러 그 순위를 결정하였다. 생진과에서는 200명, 대과에서는 33명이 선발되었다. 무관 채용시험도 초시와 복시 전시를 거치는데, 초시에서는 서울과 각 도의 병영에서 200명, 복시에서는 서울의 병조에서 행하되 28명을 선발하였다. 무과에 급제하고 벼슬에 나가지 않은 이를 '선달(先達)'이라 불렀다. 잡과는 기술관 채용을 위한 시험으로 역과, 의과, 음양과, 율과가 있었다. 양반의 서자나 중인 계층에서 응시하였다.

【 조선 시대의 과거 제도 】

영역		관리 선발 시험	관리
문과	소과(생진과) 대과(문과)	• 소과: 생원과(유교 경전), 진사과(문학) • 대과: 초시 → 복시 → 전시(순위 결정, 임금이 참관) → 소과에 합격한 생원·진사, 성균관 학생, 현직 관리 응시	문관 (33명)
무과	무과	• 초시 → 복시 → 전시	무관(28명)
기술과	잡과	• 역과(외국어), 율과(법률), 의과(의술), 음양과(천문학)	기술관

정기 시험에는 3년마다 실시하는 식년시와 부정기 시험인 별시, 증광시, 알성시가 있었다. 문과의 응시 자격은 소과에 합격한 생원과 진사 및 성균관 학생, 현직 관리가 응시할 수 있었다. 양인이면 누구나 응시할 수 있었지만, 주로 양반이 응시하였다. 법제적으로는 일반 백성들이 과거에 응시할 수 있었으나, 시간적으로나 경제적으로 여유가 없었기 때문에 거의 불가능하였다. 서얼 출신은 문과 응시를 제한하였다.

한편 조선 시대에도 기존의 관리를 대상으로 덕망 있고 학식이 풍부한 사람을 천거받아 선발하는 음서 제도가 있었다. 또 특별 채용으로는 나이가 너무 들었거나 재주가 모자라는 사람을 대상으로 하급 관리를 선발하는 취재가 있었다. 그러나 음서의 대상은 고려와 달리 2품 이상 관리의 자제로 대상이 대폭 축소되었다. 게다가 음서로 출사한 사람은 고관으로 승진하거나 요직으로 나가기 어려웠다.

② 율곡의 『격몽요결』

가. 율곡의 생애

이이(李珥, 1536~1584)는 조선 중기의 학자이자 정치가이다. 본관은 덕수(德水), 자(字)는 숙헌(叔獻), 호(號)는 율곡(栗谷)이다. 사헌부 감찰을 지낸 이원수(李元秀)와 사임당(師任堂) 신(申) 씨의 셋째 아들로, 강릉의 외가에서 태어났다. 13세(1548)의 어린 나이로 진사시에 합격하고, 도학(道學)과 지치(至治)를 강조한 조광조(趙光祖)의 문인에게 수학하였다. 어머니를 여의고 상심하여 19세(1554)에 금강산 마하연으로 들어가 불교를 공부했으나, 이듬해 강릉 외가로 돌아와 자경문(自警文)을 지어 수양의 조문(條文)으로 삼고 성학(聖學)에 힘썼다.

22세(1557)에 성주 목사 노경린(盧慶麟)의 딸과 혼인하고, 이듬해 예안(禮安)에 낙향해 있던 이황(李滉)을 찾아가 성리학의 이론에 대해 논변하였다. 23세(1558)에 실시된 별시(別試)에서 천문과 기상의 순행 및 이변을 주제로 한 『천도책(天道策)』을 지어 장원으로 급제하고, 29세(1564)에 실시된 문과(文科) 대과(大科)에서 초시(初試)와 복시(覆試) 그리고 전시(殿試)를 모두 장원으로 합격하여 삼장장원(三場壯元)을 기록하였다. 소과(小科)인 생원시와 진사시 그리고 대과(大科)까지의 아홉 차례 과거에서 모두 장원으로 합격했기에 '구도장원공(九度壯元公)'으로도 불렸다.

대과에서 장원한 율곡은 29세에 정6품인 호조(戶曹) 좌랑으로 관직에 올랐고, 이후 예조(禮曹)와 이조(吏曹)의 좌랑을 거쳐, 사간원 정언(正言)과 사헌부 지평(持平) 등 왕에 대한 간쟁과 논박을 담당하던 대간(臺諫)을 역임했다. 33세(1568)에 천추사(千秋使) 서장관(書狀官)으로 명나라에 다녀왔고, 이듬해 홍문관(弘文館) 부교리이자 춘추관(春秋館) 기사관(記事官)으로『명종실록』편찬에 참여하고 어린 나위에 즉위한 선조(宣祖, 1552~1608, 재위 1567~1608)에게『동호문답(東湖問答)』을 지어 바쳤다. 35세(1570)에 관직에서 물러나 황해도 해주에 낙향했다가, 이듬해 청주 목사가 되었지만, 다시 이듬해 물러나 해주로 낙향했다가 파주의 율곡촌(栗谷村)으로 물러났다.

38세(1573)에 승정원(承政院) 동부승지와 우부승지를 역임하고, 이듬해 정치·사회 문제에 대한 대책을 논한『만언봉사(萬言封事)』를 써서 선조(6년)에게 바쳤다. 39세에 사간원(司諫院) 대사간(大司諫)으로 임명되었으나 사양하고 낙향했다가, 다시 황해도 관찰사가 되어 관직에 올라, 대사헌과 홍문관 부제학(副提學) 등에 올랐다. 40세(1575)에 홍문관 부제학으로 제왕학의 지침서라 할 수 있는『성학집요(聖學輯要)』를 저술하여 선조(8년)에게 올렸다.

42세(1577)에 해주로 낙향하여 학문연구와 후진 양성에 힘쓰고 향약(鄉約)과 사창(社倉)을 도입하는가 하면, 아동·청소년 교육을 위한『격몽요결(擊蒙要訣)』을 편찬하였다. 45세(1580)에 기자에 관한 기록을 모아『기자실기(箕子實記)』를 편찬하고, 이듬해 대사헌과 예문관(藝文館)

제학(提學)을 겸임한 다음 동지중추부사를 거쳐 홍문관과 예문관의 대제학(大提學)을 역임했다. 47세(1582)에 이조판서가 되고, 48세에 병조판서가 되어 십만양병설 등의 개혁을 담은 『시무육조(時務六條)』를 지어 선조(17년)에게 바쳤으나, 당쟁을 조장한다고 받아 관직에서 물러났다가, 다시 이조판서와 판돈령부사 등에 임명되었다. 서울 대사동에서 49세(1584)를 일기로 세상을 떠나, 파주 자운산 선영에 묻혔다.

율곡은 인조 2년(1624)에 문성공(文成公)이라는 시호(諡號)를 받았다. 파주 자운서원(紫雲書院), 강릉 송담서원(松潭書院), 풍덕 구암서원(龜巖書院), 황주 백록동서원(白鹿洞書院) 등 전국 20여 개의 서원에 배향되고, 숙종 8년(1682) 조선의 명현(明賢)으로서 공자의 위패를 모신 성균관(成均館)과 향교(鄕校)의 문묘(文廟)에 배향되었다.

저술로는 『천도책(天道策)』, 『동호문답(東湖問答)』, 『만언봉사(萬言封事)』, 『성학집요(聖學輯要)』, 『격몽요결(擊蒙要訣)』, 『기자실기(箕子實記)』, 『시무육조(時務六條)』 외에도 『역수책(易數策)』, 『문식책(文式策)』, 『학교모범(學校模範)』, 『육조계(六條啓)』, 『시폐칠조책(時弊七條策)』, 『답성호원서(答成浩原書)』 등이 있다. 이들 저술은 박여룡(朴汝龍)과 성혼(成渾) 등이 간행(광해군 3년, 1611)한 『율곡문집(栗谷文集)』과 이재(李縡)와 이진오(李鎭五) 등이 편찬(영조 18년, 1742)한 『율곡전서(栗谷全書)』에 실려 전한다.

나. 격몽요결의 집필 배경

『격몽요결』은 율곡이 42세 때 관직을 떠나 해주에 머무르던 해(1577)

겨울에 완성하였다. '격몽(擊蒙)'은 몽매함을 일깨우는 것이고, '요결(要訣)'은 일의 가장 중요한 방법 또는 긴요한 것을 의미한다. 해주에서 학도(學徒)들을 가르친 경험을 바탕으로 아동·청소년 교육의 기초를 정리한 것이다. 『격몽요결』은 학문을 시작하는 학생을 위한 지침서로, 한편으로는 제왕을 위한 지침서인 『성학집요』와 대비되고, 다른 한편으로는 관학(官學) 교육을 위한 지침서인 『학교모범』과 대조된다.

『성학집요』는 율곡이 40세(1575)에 『격몽요결』에 앞서, 당시 어린 임금인 선조를 위해 지었다. 율곡은 『성학집요』의 「목록도(目錄圖)」에서 제왕학의 전체 구조를 제시하고 있다.

【 율곡의 『성학집요』의 전체 구조 】

「목록도(目錄圖)」는 첫머리와 끝머리에 통설(統說)과 성현도통(聖賢道統)을 두고 그 중심에 수기(修己)·정가(正家)·위정(爲政)을 두고 있다. 통설은 수기·정가·위정의 총론을, 성현도통은 수기·정가·위정의 완성을 드러낸 것으로, 제왕학의 골자를 수기·정가·위정으로 제시한다. 이는 『대학』의 수신·제가·치국(평천하)에 해당하는데, 율곡은 수기 다음에 정가와 위정을 병렬하는 방식으로 구조화하고 있다.

고교학점제를 위한 인문학과 윤리

『성학집요』의 수기 13조, 정가 8조, 위정 10조는『대학』의 수신 · 제가 · 치국(평천하) 조목보다 세부적이고 또 실질적이다. 이들 조목은 총론(總論)과 공효(功效)를 시작과 끝으로 하는데, 그 안에 수기는 입지(立志) · 수렴(收斂) · 궁리(窮理) · 성실(誠實) · 교기질(矯氣質) · 양기(養氣) · 정심(正心) · 검신(檢身) · 회덕량(恢德量) · 보덕(報德) · 돈독(敦篤)의 11조를, 정가는 효경(孝敬) · 형내(刑內) · 교자(敎子) · 친친(親親) · 근엄(謹嚴) · 절검(節儉)의 6조를 두고 있다.『성학집요』의 수기와 정가의 조목은『격몽요결』의 조목과 유사하지만,『성학집요』의 내용이 한층 더 근본적이고 훨씬 더 체계적이다.『성학집요』가『격몽요결』의 토대를 이루고 있는 것으로 볼 수 있다.

『학교모범』은 율곡이 46세(선조 15년, 1581) 때,『격몽요결』을 짓고 난 뒤 지었다. 왕명을 받아 청소년 교육을 쇄신하기 위해 지은 국가 교육 준칙[學令]으로, 당시 관학 교육의 미비점을 보완하였다. 16조로 이루어져 있는데, 학생이 학교생활로부터 가정 및 사회생활까지 모든 영역에서 준수해야 할 규칙을 아우르고 있다.『학교모범』은 국가 교육의 준칙이라는 점에서,『대학』의 치국−평천하나『성학집요』의 위정과 무관할 수 없지만, 16조의 조목은 수신과 제가 또는 수기와 정가가 중심이다. 입지(立志) · 검신(檢身) · 독서(讀書) · 신언(慎言) · 존심(存心) · 사친(事親) · 사사(事師) · 택우(擇友) · 거가(居家) · 접인(接人) · 응거(應擧) · 수의(守義) · 상충(尙忠) · 독경(篤敬) · 거학(居學) · 독법(讀法) 등의 조목에서 보듯이, 관학 관련 내용까지를 아우르기는 하지만, 전체적으로는 『성학집요』의 수기(11조) 및 정가(6조)의 조목과 통한다.『학교모범』16조는『성학집요』의 수기와 정가의 조목이 그렇듯이,『격몽요결』의 상제(喪制)와 제례(祭禮)를 제외한 조목과 유사하면서도『격몽요결』의 내용보다 더 세부적이고 더 근본적이다. 『학교모범』은『격몽요결』에서 제시한 유교 교육의 내용과 방법을 국가 교육 수준에서 일반화한 준칙이라고 할 수 있다.

율곡의『성학집요』와『격몽요결』그리고『학교모범』은 하나같이 성학(聖學)을 이상으로 하는데, 이때 성학에는 두 가지 의미가 있다. 하나는『성학집요』에서 제시한 바와 같이 성왕이 되기 위한 학문이고, 다른 하나는『격몽요결』이나『학교모범』이 지향하는 성인이 되기 위한 학문이다. 따라서『성학집요』가 제왕을 위한 지침서라면,『격몽요결』과『학교모범』은 학생을 위한 지침서로 구별되는데, 둘은 각각 청소년 일반 교육을 위한 것(『격몽요결』)과 관학 교육을 위한 것(『학교모범』)이라는 점에서 맥락을 달리한다. 율곡은『성학집요』에 이어『격몽요결』과『학교모범』을 지음으로써 성학을 이상으로 하는 유교 교육의 전체 체계와 내용을 구조화하고 제도화하고자 하였던 셈이다.

다. 격몽요결의 내용 구성

『격몽요결』은『율곡전서』(전 38권)의 27권에 실려 있다. 내용은 공부하는 사람이 갖춰야 할 자세와 수기치인을 위해 지켜야 할 행동 규범이다. 체제는 서(序), 본편 10장, 사당도(祠堂圖)·시제도(時祭圖)·설찬도(說饌圖), 그리고 부록으로 이루어져 있다. 본편 10장은 제1장 입지(立志), 제2장 혁구습(革舊習), 제3장 지신(持身), 제4장 독서(讀書), 제5장 사친(事親), 제6장 상제(喪制), 제7장 제례(祭禮), 제8장 거가(居家), 제9장 접인(接人), 제10장 처세(處世)로 구성되어 있다. 부록으로 제사 지낼 때의 의례를 다룬 제의초(祭儀抄)로, 출입의(出入儀), 참례의(參禮儀), 천헌의(薦獻儀), 고사의(告事儀), 기제의(忌祭義), 묘제의(墓祭義), 상복중행제의(喪服中行祭儀)가 붙어 있다.

제6장 상제와 제7장 제례 그리고 부록의 제의초는 의례의 형식과 절차를 주로 다루고 있어, 우리의 현실과는 거리가 있다. 제5장 사친의 방법도 오늘날 받아들이기 어려운 점이 있다. 그럼에도 부모님을 모시는 사친의 정신만큼은 오늘날 우리도 존중해야 한다. 그리고 상제와 제례는 사친의 연장이라고 할 수 있다. 제5장부터 제7장까지의 내용은 오늘날 우리의 현실과 맞지 않을 수 있으나, 그 의미와 가치를 현대적으로 되새겨 볼 수 있다.

제1장의 '입지'에서는 '공부에 뜻을 두는 방법'을 말한다. 처음으로 배우는 사람은 (성인이 되겠다는 것과 같은) 목표를 기약하고, 자기 능력이 작다는 것을 핑계 삼아 배우기를 그만두려는 마음을 가져서는 안 된다는 것이다. 핵심 키워드는 '선수입지(先須立志)'다. 공부를 하려는 사람은 뜻을 먼저 세워야 한다.

제2장의 '혁구습'에서는 '공부하는 데 잘못된 습관을 고치는 방법'을 말한다. 자기가 세운 뜻을 이루기 위해서는 잘못된 습관과 낡은 습성을 고쳐야 한다는 것이다. 핵심 키워드는 '용맹지지(勇猛之志)'다. 공부를 하는 사람은 용맹한 마음으로 크게 분발하여, 잘못된 습관의 뿌리를 끊어 내야 한다.

제3장의 '지신'에서는 '자기 자신을 지키는 방법'을 말한다. 아홉 가지 모습[九容]과 아홉 가지 생각[九思]을 닦아 몸과 마음을 하나가 되게 하라는 것이다. 핵심 키워드는 '수렴신심(收斂身心)'이다. 공부를 하는 사람은 자기가 세운 뜻을 어지럽히지 않도록 자신을 점검하고 단속해야

한다.

제4장의 '독서'에서는 '책을 읽는 방법'을 말한다. 책은 내용을 충분히 이해할 수 있도록 책의 수준을 고려하여 순서를 정해 읽으라는 것이다.[41] 핵심 키워드는 '관통무의(貫通無疑)'다. 책을 읽는 순서를 정하고, 하나의 책을 읽어서 제대로 의미를 깨닫고 뜻과 취지를 알아 의문의 남지 않은 다음에야 다른 책으로 바꾸어 읽어야 한다.

제5장의 '사친'에서는 '부모를 모시는 방법'을 말한다. 부모의 뜻을 헤아리고, 자기 마음대로 하지 않아야 한다는 것이다. 핵심 키워드는 '무감자전(毋敢自專)'이다. 설령 부모의 뜻이 도리에 어긋나더라도, 자기 멋대로 하지 않고 부드러운 말씨로 부모를 설득해야 한다.

제6장의 '상제'에서는 '상장례를 치르는 방법'을 말한다. 상장례는 형식과 절차는 돌아가신 분을 보내 드리는 마음을 담아내기 위한 것이어야 한다는 것이다. 핵심 키워드는 '사친대절(事親大節)'이다. 돌아가신 부모를 정성스럽게 보내 드림으로써 부모를 모시는 마지막 큰 도리를 다해야 한다.

제7장의 '제례'에서는 '제사를 올리는 방법'을 말한다. 제사는 의례의 형식이나 절차를 지키기 위한 것이 아니라 조상을 기리기 위한 것이어야 한다는 것이다. 핵심 키워드는 '애경지성(愛敬之誠)'이다. 제사의 본질은 돌아가신 부모와 조상을 추모하고 공경하는 마음을 갖는 것임을 잊지 않아야 한다.

제8장의 '거가'에서는 '가정생활을 이루어 가는 방법'을 말한다. 가정은 건강하고 올바른 삶과 배움의 터전이 되어야 한다는 것이다. 핵심 키워드는 '적성충간(積誠忠諫)'이다. 부모와 형제자매 간에 예를 지키고, 도리에 벗어난 행동에 대해서는 정성을 다해 진실한 마음으로 설득

해야 한다.

　제9장의 '접인'에서는 '사회생활에서 사람을 대하는 방법'을 말한다. 항상 온화하고 공손하며 자애로운 태도로 다른 사람을 대해야 한다는 것이다. 핵심 키워드는 '혜인제물(惠人濟物)'이다. 다른 사람에게 은혜를 베풀고, 다른 사람의 일을 도우려는 마음을 지녀야 한다.

　제10장의 '처세'에서는 '세상을 살아가는 방법'을 말한다. 공부를 한 사람은 (과거를 치러 벼슬살이는 하던 선비처럼) 부모의 희망과 자신의 영광도 중요하지만, 때로는 자신의 기량을 닦고 때를 기다릴 줄 알아야 한다는 것이다. 핵심 키워드는 '불상기지(不喪其志)'다. 성공해야 한다는 욕심과 성급함에 빠져 자신이 세운 뜻을 버리지 않도록 해야 한다.

　『격몽요결』은 조선 중기 이후 전국의 향교에 덕행과 지식의 함양을 위한 교재로 선정되어, 『동몽선습』 등과 함께 처음으로 공부를 하려는 사람에게 필요한 입문서로 널리 보급되었다. 국립중앙도서관을 비롯한 여러 기관에 여러 판본의 『격몽요결』을 소장하고 있다. 이 책에서는 『격몽요결』의 전체 내용을 다 소개하기보다는 각 장에서 핵심이 되는 키워드를 찾아 제시하고 탐구하고자 한다.

3부

『격몽요결』의
가르침

율곡 이이가 말하는 격몽요결을 쓰게 된 이유

율곡은 1577년 겨울[丁丑 季冬] 『격몽요결』의 서문을 이렇게 적고 있다.

人生斯世 非學問 無以爲人 所謂學問者 亦非異常別件物事也 只是
爲父當慈 爲子當孝 爲臣當忠 爲夫婦當別 爲兄弟當友 爲少者當敬
長 爲朋友當有信 皆於日用動靜之間 隨事各得其當而已 非馳心玄
妙 希覬奇效者也 但不學之人 心地茅塞 識見茫昧 故必須讀書窮理
以明當行之路然後 造詣得正而踐履得中矣 今人 不知學問 在於日
用 而妄意高遠難行 故推與別人 自安暴棄 豈不可哀也哉 余定居海
山之陽 有一二學徒 相從問學 余慙無以爲師 而且恐初學 不知向方
且無堅固之志而泛泛請益 則彼此無補 反貽人譏 故略書一冊子 粗
敍立心飭躬奉親接物之方 名曰擊蒙要訣 欲使學徒觀此 洗心立脚
當日下功 而余亦久患因循 欲以自警省焉.

사람이 이 세상에 태어나 배우고 묻지 않으면 사람다울 수 없다. 배우고 묻는 것이 특별한 다른 일은 아니다. 부모가 자녀를 사랑하고, 자녀가 부모에게 효도하며, 신하가 임금에게 충성하고, 부부가 분별하고, 형제가 우애하고, 아랫사람이 윗사람을 공경하며, 친구 간에 신의를 가져야 하는 것이 그것이다. 이러한 일들은 일상생활에서 각각에 맞도록 실천되어야 하는 것이지, 현묘한 것에 마음을 써서 특별한 효과를 얻기 위한 것이 아니다.

배우지 않는 사람은 마음이 막혀 제대로 알거나 볼 줄 모른다. 따라서 책을 읽어 이치를 살펴서 바르게 행동할 방법을 분명히 알아야만 올바르게 실천할 수 있는 경지에 이를 수 있다. 요즘 사람들은 배우고 묻는 것이 일상생활에 관한 일이라는 것을 알지 못하고, 헛되이 뜻은 높이면서 실천은 어려워하여 멀리한다. 그래서 다른 사람에게 미루고 스스로 포기한 채 안주하고 있으니 어찌 슬프지 않겠는가?

내(율곡)가 바닷가 양지바른 자락에 거처를 정해 머물고 있을 때, 공부하는 사람들이 찾아와 배움을 물었다. 나는 제대로 된 스승이 되지 못해서 부끄러웠지만, 처음 배우는 사람이 올바른 방법을 알지 못하고 확고한 뜻도 없으면서 대충 가르침이나 받고자 한다면 서로에게 도움이 되지 못하면서도 오히려 사람들의 비난을 받을까 봐 걱정되었다. 그래서 책 한 권을 엮어, 뜻을 세우고 실천하는 방법과 부모님을 섬기는 법 그리고 다른 사람을 대하는 방법을 간략히 적고, 그 이름을 '격몽요결'이라 하였다. 배우는 사람이 이를 보아 마음을 정갈히 하고 뜻을 세워 그날로 공부를 하게 되고, 나 또한 구태의연한 습관에서 벗어나 스스로 경계하고 반성하고자 한다.

1장

입지(立志)
: 뜻을 먼저 세운다

처음 배우는 사람은 가장 먼저 뜻을 세워야 한다. 성인(聖人)이 되겠다고
스스로 기약하고, 자기 능력이 작다는 것을 핑계 삼아 배우기를 그만두려 하
는 생각을 털끝만큼이라도 가져서는 안 된다.

初學 先須立志 必以聖人自期 不可有一毫自小退託之念.

先須立志(先須立志)

"젊은이여 야망을 가져라!" 이런 말을 듣기가 어려워졌다. 영웅이나 위인이 되라는 말도 듣기가 어렵다. 그보다는 작지만 확실한 행복을 찾는 사람들이 많아졌다. 웅변보다는 작은 속삭임이 더 설득력 있게 다가오는 시대가 되었다.

『격몽요결』제1장을 보면 먼저 뜻을 세우고 살라고 한다. 삶의 목표가 분명하면 성공적인 삶을 살게 될 확률이 높다는 의미이다. 사람들은 성공에서 삶의 의미를 찾는다. 하지만 무엇이 성공인가? 성공하면 언제나 행복한가?

먼저 뜻을 세우기 어려운 이유가 있다. 경험과 식견이 부족할 때도 뜻을 제대로 세울 수 있는가? 세운 뜻이 장기적으로 커다란 희생을 요구할 때도 그것을 위하여 기꺼이 대가를 치를 수 있는가? 한번 세운 뜻은 여건이 바뀌어도 흔들려서는 안 되는가?

내 삶의 의미를 정할 때 부모나 스승 등 타인의 조언을 어느 정도나 참고할 것인가? 아니면 내 삶의 의미는 오로지 내 몫이고 그래야만 하며, 주변 사람의 기대나 열망은 부차적일 뿐일까? 내가 정한 삶의 목표와 그 결과에 대한 모든 책임은 내가 감당해야 할까?

내 삶의 목표를 설정할 때 나의 의지력과 실천력을 어느 정도나 고려해야 할까? 비록 의지와 능력이 모자라서 무리한 목표라 할지라도 하다 보면 그러한 문제가 어느 정도는 자연스럽게 해소되는 것일까?

살면서 자연스럽게 생기는 작은 목표들이 있고, 장기적으로 달성하지 않으면 안 될 큰 목표들이 있다. 큰 뜻을 품고 오로지 그것에만 매진하는 사람과 작은 목표들을 차례로 달성해 가는 사람이 있다. 어느 쪽이 바람직할까?

특별한 목표 없이 사는 듯한 사람도 있다. 그런 사람은 무리한 삶을 살지 않겠다는 목표를 지닌 것일까? 별다른 의미가 없는 듯한 일에서 만족하는 삶도 가치가 있는 것일까? 커다란 포부에 구애받지 않는 삶도 의미 있는 것일까?

세속적인 목표나 목적을 달성하겠다는 의지보다 자기의 능력과 소질과 관심 그리고 흥미를 먼저 찾아내는 일이 더 중요한 것일까? 아니면 현실적인 포부를 갖고 거기에 초점을 두고 살아가는 일이 더 현명한 것일까?

훌륭한 인격을 지닌 사람이 되겠다는 목표는 너무 추상적인가? 최소한 다른 사람에게 피해를 주지 않는 사람이 되겠다는 목표는 너무 소극적인가? 자격을 갖춘 민주 시민이 되겠다는 목표는 너무 평범한가?

공부를 시작하는 사람은 어떤 뜻을 세워야 하는가? 새로운 공부를 시작할 때마다 새로운 뜻을 세워야 하는가? 우리가 공부해야 하는 이유는 무엇인가? 공부에는 어떤 종류가 있는가? 놀이도 공부가 될 수 있을까?

생각 열기

나의 아버지는 농부였고, 때때로 염전에 나가서 소금을 내기도 하였다. 비가 내려 한가할 때는 늘 책을 읽거나 붓글씨를 쓰셨다. 농사일이 가장 바쁠 때는 오빠들에게 농사일을 거들게 했는데, 공부해야 한다고 하면 일을 시키지 않으셨다. 내가 일곱 살 때는 오빠 따라 학교 간다고 떼를 쓰기도 하고, 시도 때도 없이 퍼붓는 질문에 아버지는 무척 피곤하

고교학점제를 위한 인문학과 윤리

실 텐데도 자상하게 답해 주셨다.

부엌에서 바느질하거나 정신없이 음식을 만드시는 어머니도 나의 질문에는 항상 친절하게 설명해 주시면서, "너는 엄마처럼 공부하고 싶어도 할 수 없는 세상이 아니니, 공부해서 네가 하고 싶은 것을 다 하고 살아라. 공부만 하면 하고 싶은 것을 마음대로 할 수 있단다."라는 말씀을 자주 하셨다. 막상 학교 갈 나이가 되니, 학교 가는 날에는 왜 이렇게 일어나기 싫은지, 학교 가지 않는 날에는 왜 그렇게 눈이 빨리 떠지며, 쉬는 날 시간은 왜 그렇게 빨리 가는지, 시간이 흐를수록 왜 그렇게 공부는 어렵고 하기 싫은지….

대체로 학교에 입학해 대학까지 졸업하는 데 보통 16년 정도 걸리는데, 나는 23년 동안이나 학생 신분을 유지했다. 지금도 20년이 넘는 세월을 학생들하고 생활하고 있다.

사람들은 보통 정규 과정 이상으로 여러 학교를 오래 다녔던 나를 보고 공부를 좋아한다고 생각하는데, 정작 공부를 좋아하는 사람들은 몇이나 될까? 그러나 무엇인가를 배우면서 터득하는 기쁨, 보람, 뿌듯함 같은 기분은 삶의 기쁨이 되는 것도 사실이다.

정말로 공부가 좋아서 하는 사람들은 얼마나 될까? 지금도 공부를 하면 하고 싶은 것을 마음대로 다 할 수 있는 것일까?

생각 더하기

1. 주희가 경계하라고 가르친 일생에서 '후회할 일 열 가지'[42] 중에 "젊어서 배움에 힘쓰지 않으면 늙어서 후회한다[少不勤學老後悔]"는

글이 있습니다. 배움의 시작과 끝은 어디까지일까요?

2. '학문'의 목적은 무엇이며, 왜 학문이 중요할까요?

3. 학문을 하려는 사람의 마음가짐과 자세는 어떠해야 할까요?

4. 나는 일생을 무슨 일, 어떤 일을 하며 어떻게 살아가고 싶나요?

5. 좋아하는 일, 잘하는 일, 재미있는 일, 필요한 일, 해야 하는 일이
   란 무엇일까요?

명언 읽기

> 현명한 사람은 어리석은 사람이 친구에게서 얻는 것보다 더 많은 것을 적들
> 로부터 얻는다.
>
> – 스페인 작가 발타사르 그라시안(Baltasar Gracian, 1601~1658)

주요 개념 이해하기

📌 소학(小學)

『소학』은 송나라 때 소년들에게 유학의 기본을 가르치기 위해, 유자징
이 편집하고 주희가 「소학서제」를 쓴 책으로, 내편과 외편 총 6권으로 구
성되어 있다. 내편 4권은 유교 사회의 도덕규범과 인간이 지켜야 할 기
본자세 등 기본적이고 필수적인 사항들만을 뽑아서 정리하였다.

입교(立敎)에서는 태교부터 시작하여 교육의 과정과 목표 자세를, 명

륜(明倫)에서는 인륜의 핵심인 오륜을, 경신(敬身)에서는 학문하는 사람의 몸가짐과 마음 자세, 옷차림과 식사예절 등과 몸과 언행을 공경히 다스리는 법을, 계고(稽古)에서는 본받을 만한 옛 성현의 사적을 다루고 있다. 외편 2권은 한나라 이후 송나라까지 옛 성현들의 교훈을 인용하여 기록한 가언(嘉言), 선인들의 착하고 올바른 행실만을 모아 정리한 선행(善行)으로 구분하여, 소년들이 처신해야 할 행동거지와 기본 도리를 밝혀 놓았다.

『소학』은 인간이 지켜야 할 기본 도리와 도덕의 원리가 집약되어 있어, 조선 시대에 사학(四學)과 지방의 향교·서원·서당 등 교육 기관에서 필수 교재로 사용하고, 언해(諺解)본을 널리 보급하여 많은 소년이 읽도록 권장하였다. 조선 초기에는 서울 및 지방의 학교와 생원(生員), 진사(進士) 시험에서 필수과목으로 법제화되었다. 그 후 『소학』의 보급을 위해 김안국(金安國)은 『소학』을 한글로 번역한 『소학언해(小學諺解)』를 발간하여 민간에 보급하였다.

대학(大學)

사서(四書)의 하나로 『논어』, 『맹자』, 『중용』과 더불어 공자의 가르침을 정통으로 담아내는 유교의 기본 경전이다. 송나라 사마광이 『예기(禮記)』의 제42편을 따로 떼어서 『대학광의(大學廣義)』를 만들었다. 그 후 주자(朱子)가 『대학장구(大學章句)』 경(經) 1장(章), 전(傳) 10장으로 구별하여 주석을 달았는데, 경은 공자의 말을 증자(曾子)가 기술(記述)한 것이고, 전은 증자의 뜻을 그 제자가 기술한 것이라고 하였다.

경에서는 명덕을 밝히는 일[명명덕(明明德)], 백성을 새롭게 하는 일[신민(新民)], 지선에 머무르는 일[지지선(止至善)]을 대학의 3강령(三

綱領)이라 하고, 8조목인 격물(格物) · 치지(致知) · 성의(誠意) · 정심(正心) · 수신(修身) · 제가(齊家) · 치국(治國) · 평천하(平天下)로 정리하여 제시하였다. 실천 과정으로서는 8조목에 3강령이 포함되고, 격물 즉 사물의 이치를 구명(究明)하는 것이 그 첫걸음이라고 하였으며, 궁극적으로 평천하로 연결된다는 것이다. 주자는 본문의 오탈자와 착간을 교정하고 격물의 전을 보충하였다.

📌 『맹자(孟子)』「등문공상(滕文公上)」 3: 인륜을 밝힘[明人倫]

등나라 문공이 물었다.

"나라를 어떻게 다스려야 하는가?"

맹자가 답했다.

"백성들의 생업을 소홀하면 안 된다. …(중략)… 상(庠), 서(序), 학(學), 교(校)를 세워서 백성을 가르쳤다. 상은 기르는 것이고 교는 가르치는 것이며 서는 활 쏘는 것이다. 하나라는 교라 하고, 은나라는 서라 하고, 주나라는 상이라 했는데, 학은 세 나라가 같았다. 모두가 인륜[倫]을 밝히기[明] 위한 것으로, 인륜이 위에서 밝혀지면 아래에서 백성[小民]은 서로 사랑[親]한다."

滕文公 問爲國 孟子曰 民事不可緩也 …(중략)… 設爲庠序學校以敎之 庠者養也 校者敎也 序者射也 夏曰校 殷曰序 周曰庠 學則三代共之 皆所以明人倫也 人倫明於上 小民親於下.

📌 『맹자(孟子)』「등문공상(滕文公上)」 4: 사람의 도리와 오륜(五倫)

사람에게는 (사람의) 도리[道]가 있다. 배부르게 먹고, 따뜻하게 입고, 편안히 살면서 가르치지[敎] 않으면 동물[禽獸]과 마찬가지다. 성인이 이를 걱정하여 설(契)을 사도(司徒)로 삼아 인륜을 가르쳤으니, 부자 간에 친애함이 있고, 군신 간에 의리가 있고, 부부간에 분별이 있고, 장 유 간에 순서가 있고, 붕우 간에 믿음이 있어야 한다.

人之有道也 飽食煖衣 逸居而無敎 則近於禽獸 聖人有憂之 使契爲司徒 敎以人倫 父子有親 君臣有義 夫婦有別 長幼有序 朋友有信.

『맹자집주(孟子集註)』「등문공장구상(滕文公章句上)」3

(주나라의) 상(庠)은 노인을 봉양하는 것을 중시하고, (하나라의) 교 (校)는 백성을 가르치는 것을 중시하며, (은나라의) 서(序)는 활쏘기를 익히는 것을 중시했는데, 모두가 지방의 학교다. 학(學)은 국도의 학교 로서, 하·은·주가 똑같아 다른 이름이 없다. 인륜(人倫)이란 질서[序] 다. 부자간에 친애함이 있고, 군신 간에 의리가 있고, 부부간에 분별이 있고, 장유 간에 순서가 있고, 붕우 간에 믿음이 있는 것이다. 이것이 사람의 가장 큰 윤리[大倫]로서 상, 서, 학, 교는 모두 이를 밝힐 따름 이다.

庠以養老爲義 校以敎民爲義 序以習射爲義 皆鄕學也 學國學也 共之無 異名也 倫序也 父子有親 君臣有義 夫婦有別 長幼有序 朋友有信 此人之 大倫也 庠序學校 皆以明此而已.

『대학장구』「대학장구서」

대학(大學)이라는 책은 옛날에 태학(太學)에서 사람을 가르치던 모범 을 밝힌 것이다. …(중략)… 하·은·주 삼대가 융성하면서 그 모범이 점 차 갖추어져, 이후 왕궁과 국도에서 마을과 거리에 이르기까지 학교가 없는 곳이 없었다. 사람이 태어나 여덟 살이 되면, 왕공으로부터 서인에 이르기까지의 자제들을 모두 소학(小學)에 입학시켜 물 뿌리고 쓸며 대응하고 대답하며 나아가고 물러서는 예절(禮節)과 예·악·사·어·서·수의 문예[六藝]를 가르쳤다. 십오 세가 되면, 천자의 맏아들과 여러 아들로부터 공, 경, 대부, 원사의 적자 그리고 서민 가운데 우수한 사람까지 모두 대학에 입학시켜 사물의 이치를 탐구하고 마음을 바르게 하고 자신을 닦고 백성을 다스리는 규범을 가르쳤다. 이것이 곧 학교 교육에 크고 작은 절차가 나뉘게 된 이유다.

大學之書 古之大(太)學 所以敎人之法也 …(중략)… 三代之隆 其法寖備 然後王宮國都以及閭巷 莫不有學 人生八歲 則自王公以下 至於庶人之子弟 皆入小學 而敎之以灑掃應對進退之節 禮樂射御書數之文 及其十有五年 則自天子之元子衆子 以至公卿大夫元士之適(嫡)子 與凡民之俊秀 皆入大學 而敎之以窮理正心修己治人之道 此又學校之敎 大小之節所以分也.

📌 『소학(小學)』「소학제사(小學題辭)」

소학은 물 뿌리고 쓸며 대응하고 대답하며 나아가고 물러서는 예절(禮節)과 어버이를 사랑하고 어른을 공경하고 스승을 받들고 벗을 사귀는 규범[法道]으로 사람을 가르친다[교육 목적]. 이는 모두 자신을 닦고 가정을 정돈하고 나라를 다스리고 천하를 화평하게 할 수 있는 근본[本]을 어릴 적에 가르쳐 익히게 함으로써 그 익힘이 지혜와 함께 자라고 교화가 마음과 함께 이루어져 어긋나거나 감당하지 못하는 근심이 없게 하고자 함이다.

古者小學 敎人以灑掃應對進退之節 愛親敬長隆師親友之道 皆所以爲修身齊家治國平天下之本 而必使其講而習之於幼穉之時 欲其習與知長 化與心成 而無扞格不勝之患也.

📌 오복(五福)

　오복이란 말은 예로부터 가장 행복한 삶, 인생의 바람직한 다섯 가지 조건을 말한다. 『서경』 홍범편은 '수(壽), 부(富), 강녕(康寧), 유호덕(攸好德), 고종명(考終命)'을 든다. ① 수는 장수를, ② 부는 부유하고 풍족한 삶, ③ 강녕은 일생 동안 건강한 삶을, ④ 유호덕은 덕을 좋아하는 것, ⑤ 고종명은 죽음에 대한 것으로 객지가 아닌 자기 집에서 편안히 일생을 마치기를 바라는 소망이 담겨 있다. 속담에 인간의 이[齒]가 오복에 든다고 하는 것은 이가 좋아야만 건강할 수 있다는 생각에서 나온 듯하다.[43]

더 읽기 자료

　■ 보통 사람은 성인과 그 본성이 하나로 같다. 보통 사람의 기질은 맑음과 흐림이나 순수함과 잡됨에서 성인과 차이가 없을 수 없지만, 보통 사람이라도 참되게 알고 실천하여 옛날에 물든 나쁜 습관을 버리고 그 본성의 처음을 회복한다면 털끝만큼도 보태지 않고서 온갖 선이 넉넉히 갖추어질 것이다.

　蓋衆人與聖人　其本性則一也　雖氣質　不能無淸濁粹駁之異　而苟能眞知實踐　去其舊染而復其性初　則不增毫末而萬善具足矣.

　■ 사람이 타고난 용모는 추한 것을 바꾸어 예쁘게 만들 수 없고, 체력은 약한 것을 바꾸어 강하게 할 수 없으며, 신체는 짧은 것을 바꾸어 길게 할 수 없다. 이것들은 타고나면서 이미 결정된 것인지라 바꿀 수 없

다. 그러나 심지(心志)만은 어리석은 것을 바꿔 슬기롭게 할 수 있고, 불초한 것을 바꾸어 어질게 할 수 있다. 이는 마음의 허령(虛靈)한 지각 능력이 태어날 때 부여받은 기질에 구애되지 않기 때문이다. 슬기로움보다 아름다운 것이 없고, 어짊보다 귀한 것이 없거늘, 무엇이 괴로워 어짊과 지혜로움을 실천하지 않고 하늘이 부여한 본성을 훼손하는가.

人之容貌 不可變醜爲姸 膂力 不可變弱爲强 身體 不可變短爲長 此則已定之分 不可改也 惟有心志 則可以變愚爲智 變不肖爲賢 此則心之虛靈不拘於稟受故也 莫美於智 莫貴於賢 何苦而不爲賢智 以虧損天所賦之本性乎.

■ 보통 사람들은 스스로 뜻을 세웠다고 하면서도, 곧바로 노력하지 않고 미적거리면서 뒷날을 기다린다. 이는 말로는 뜻을 세웠다고 하지만, 실제로는 배움을 향한 정성이 없기 때문이다.

凡人 自謂立志 而不卽用功 遲回等待者 名爲立志 而實無向學之誠故也.

챗GPT에게 묻기

📌 질문

보람 있는 일과 하고 싶은 일을 해내려면 의지와 능력이 필요합니다. 능력이 모자라고 의지력이 약한 경우에도 한 번 뜻한 바를 끝까지 지켜야 할까요?

📌 답변

의지력과 능력 모두 목표를 달성하는 데 필요하지만 고정된 특성은 아니라는 점을 인식하는 것이 중요합니다. 의지력은 연습과 좋은 습관 개발을 통해 강화될 수 있는 반면, 능력은 학습, 연습, 지원 및 리소스 찾기를 통해 향상될 수 있습니다.

능력이 부족하고 의지력이 약하다면 그러한 자질을 키우는 데 집중하는 것이 중요합니다. 여기에는 작고 달성 가능한 목표를 설정하고 더 많은 기술과 자신감을 얻음에 따라 점진적으로 난이도를 높이는 것이 포함될 수 있습니다. 필요한 기술을 개발하는 데 도움이 될 수 있는 멘토, 코치 또는 과정과 같은 리소스를 찾는 것도 도움이 될 수 있습니다.

또한 자신에게 동기를 부여하는 요소를 탐색하고 목표에 집중하고 전념하기 위한 전략을 개발하는 것이 도움이 될 수 있습니다. 특정 기한을 정하고 목표를 더 작고 관리하기 쉬운 작업으로 나누거나 친구나 가족의 지원을 구하는 것이 포함될 수 있습니다.

궁극적으로 목표를 달성하는 데는 시간과 노력이 필요하며 좌절과 실패는 과정의 자연스러운 일부라는 점을 기억하는 것이 중요합니다. 집중하고, 기술과 의지력을 키우고, 지원과 자원을 구함으로써 목표를 달성하고 더 만족스러운 삶을 만들어 갈 수 있습니다.

📌 챗GPT 답변에 대해 자신의 의견 제시하기

고교학점제를 위한 인문학과 윤리

2장

혁구습(革舊習)
: 용맹스러운 마음으로 크게 분발한다

잘못된 습관으로 인해 의지가 견고하지 못하고 행실이 독실하지 못하므로, 오늘 저지른 일을 내일 고치기가 어렵고, 아침에 뉘우친 행실을 저녁에 다시 하게 된다. 용맹스러운 마음으로 크게 분발하여, 단칼에 잘못된 습관의 뿌리를 끊어 버리듯 하고, 마음을 깨끗이 씻어 내어 털끝만치도 남은 습관이 없게 하며, 매일매일 노력하여 반성함으로써 마음이 찌든 때를 없앤 다음에야, 학문에 나아가는 공부를 하는 것이라 말할 수 있다.

此習 使人志不堅固 行不篤實 今日所爲 明日難改 朝悔其行 暮已
復然 必須大奮勇猛之志 如將一刀 快斷根株 淨洗心地 無毫髮餘脈
而時時每加猛省之功 使此心無一點舊染之汚然後 可以論進學之工
夫矣.

핵심 키워드 용맹지지(勇猛之志)

농업 사회에서 산업화가 이루어지고 후기산업사회를 지나 정보사회가
되었다. 교통과 통신이 발달하여 세계화가 이루어졌다. 우리 사회는 가
난을 벗어나 과거보다 엄청난 풍요를 누리고 있다. 의식주 전체가 선진
국에 가깝게 변했다.

극도로 절약하고 절제하는 세상이 아니라 합리적 소비를 권장하는 사
회이다. 청빈한 삶을 높이 평가하지만 권장하지는 않는다. 최저 생계비
나 최저임금을 해마다 높여 간다. 건강보험은 더 많은 질병을 포함한다.

좋은 집, 좋은 음식, 좋은 옷을 입는다고 비난하지 않는다. 오히려 더
좋은 집과 음식과 옷을 디자인하는 일을 가치 있게 여긴다. 부귀와 명예
를 누구나 바라는 것은 여전하지만 빈부 격차가 심해지는 일이 바람직하
다고 여기지 않는다.

바둑, 장기, 윷놀이보다 전자오락과 인터넷 게임 그리고 e-sports를
즐기는 시대이다. 게임중독을 우려하지만, 게임산업의 발전을 도모한
다. 음악, 미술, 무용 작품을 즐기고 배우고 만들려 한다. 헬스클럽, 필
라테스, 요가와 같은 건강관리 산업도 날로 번창한다.

지나친 음주 가무는 여전히 비난의 대상이지만 적절한 여가 선용은 일

상의 행복을 위한 필요조건으로 여긴다. 진실하지 못한 말과 글은 사회적 비난을 받지만, 희비극을 비롯하여 코미디 그리고 영화 같은 분야가 문화산업으로 대세이다.

여행산업은 국내뿐만 아니라 국외로 확대되어 세계여행이 가능해졌다. 우주여행까지 가능해질지 모른다. 여행 자체가 학습의 일환이다. 여행가이드는 전문직업인이다. 지구촌 어디에나 한국인이 진출해 있다.

정적인 사회가 아니라 동적인 사회에서 낡은 습관은 어떤 것일까? 게으름은 비난의 대상이지만 일중독도 권장하지는 않는다. 오히려 적절한 휴식이 없는 사람을 미련하다고 한다. 요가와 참선 등은 여전히 몸과 마음의 건강 회복 수단이다.

생각 열기

증자[44]는 날마다 세 가지 일로 나 자신을 반성하였는데, 다른 사람을 위하여 일을 꾀하면서 마음을 다하지 않았는가, 벗과 사귀면서 진실하지 않았는가, 배운 것을 익히지 않았는가이다. 즉, 다른 사람에게 정성을 다했는지, 친구를 믿음으로 대했는지, 스승의 가르침을 제대로 실천했는지를 반성한 것이다.[45]

『논어』에는 공자의 제자가 약 30여 명[46]이 등장하는데, 공자의 가장 뛰어난 제자를 일컬어 사과십철(四科十哲)이라고 부른다.[47]

분야	자(字), 이름		출신국	기타
덕행	안연(顏淵)	안회, 자연(子淵)	노(魯)	32세에 요절
	민자건(閔子騫)	민손	노(魯)	효행 뛰어남
	염백우(冉伯牛)	염경, 백우(伯牛)	노(魯)	
	중궁(仲弓)	염옹, 중궁(仲弓)	노(魯)	계씨 가신
언어	재아(宰我)	재여, 자아(子我)	노(魯)	臨淄大夫(임치대부)
	자공(子貢)	단목(端木)사(賜)	위(衛)	언어와 사령에 뛰어남
정사	염유(冉有)	염구, 자유(子有)	노(魯)	계씨 가신
	계로(季路)	자로, 중유(仲由)	노(魯)	계씨 가신, 蒲大夫(포대부)
문학	자유(子游)	언언, 자유(子游)	오(吳)	武城宰(무성재)
	자하(子夏)	복자(卜子)	위(衛)	

  그중 안회는 공자가 가장 신임하였던 제자로, "예가 아니면 보지도 말고, 듣지도 말고, 말하지도 말고, 행동하지도 말아야 한다."는 가르침을 지켰다. 민자건은 노(魯)나라 사람으로 효성과 덕행이 뛰어난 인물로, 어려서 부모로부터 모진 학대를 받았지만 효도를 극진히 하여 부모를 감동시켰다고 한다.

  염백우는 주나라 문왕의 열 번째 아들 염계재(冉季載)의 후손으로 중궁(염옹)·염유(염구)와 형제 사이이며, 공자의 격려를 받으며 학문적으로 성공하여 '일문삼현(一門三賢)'으로 일컬어졌다. 재아는 언어에 뛰어났다고 하는데, 공자가 삼년상을 지내도록 한 것에 대해 이의(異議)를 제기하면서 공자로부터 어질지 못하다는 소리를 들었다. 자공은 언변이 좋은 위나라 유학자로 제나라가 노나라를 치려고 할 때, 공자의 허락을 받고 오나라와 월나라를 설득하여 노나라를 구했는데, 이재가(理財家)[48]

로서도 알려져 수천 금(金)의 재산을 모았다.

염유는 노나라 출신으로 정사에 능하고 다재다능했다. 계로(자로)는 강직한 성격을 지녔으며, 용맹스러워 공자의 사랑을 받았다. 공자가 죽은 후 위나라로 들어가 벼슬을 했으며 위국에 반란을 진압하다가 오히려 죽임을 당했다. 자유는 춘추 시대 오나라 출신으로 스무 살 무렵부터 관직 생활을 했는데, 무성(武城)의 재상이 되어 예악(禮樂)으로 정치를 펼쳤다. 자하는 전국 시대 위나라 사람으로 공자가 죽은 뒤에 위나라 문후(文侯)에게 초빙되어 스승이 되었다.

공자의 뜻을 잘 받들어 지키는 제자도 많았지만 뜻을 거스르는 제자들도 있었는데, 염유와 자공 그리고 재아가 대표적이다. 자공은 제사에서 양(羊)을 쓰는 제도를 폐지하려다가 공자와 부딪혔고, 재아는 삼년상을 일년상으로 바꾸자고 주장했다가 어질지 못하다고 비난을 받았다.

아끼는 제자들은 하나둘 곁을 떠나고, 남겨진 제자들은 스승의 뜻을 거스르는데 노나라 조정에서는 여전히 공자를 등용하지 않았다. 공자도 구차하게 벼슬을 구하려고 하지 않았다. 이런 상황에서 공자가 생애 마지막으로 선택한 길은 무엇이었을까?

생각 더하기

1. 오늘날 우리들은 일상생활에서 무엇을 반성하고 성찰해야 할까요? 어떤 몸가짐과 마음가짐이 바람직한 것일까요?

2. '사적인 욕구를 극복하고 예의 정신으로 돌아간다.'는 말의 의미는 무엇일까요?

문제를 해결하지 못해도 토론을 해 보는 것이 토론도 하지 않고 해치우는 것보다는 낫다.

– 프랑스 도덕주의자·수필가 조제프 주베르(Joseph Joubert, 1754~1824)

주요 개념 이해하기

📌 용맹지지(勇猛之志)와 용맹정진(勇猛精進)

- **유교의 용맹지지**: 마음을 깨끗이 씻어 내어 털끝만치라도 남은 맥이 없게 하기 위해서는 공부를 시작하기 전에 나쁜 습관을 끊어 내려는 용맹스러운 마음을 가져야 한다.
- **불교의 용맹정진**: 어떤 어려움에도 굴하지 않고 용감하고 굳세게 앞을 향해 노력하는 것으로, 불교의 참선에서는 주위의 사소한 일에 신경 쓰지 않고 오직 앞만 보면서 도를 닦는 모습을 가리킨다.
- **정진**: 불교에서 육바라밀은 생사의 고해를 건너 열반의 피안에 이르기 위해 보살이 닦아야 할 수행 덕목으로, '정진'은 신심을 격려해 선행을 닦고 잡념을 버리며 진실한 진리를 닦는 일에 전념하는 것이다. 깨달음의 경지인 열반에 이르게 위해 수행해야 하는 여덟 가지 덕목 중 하나인 정정진(正精進)은 용기를 가지고 바르게 노력하는 것이다.
- **참선**: 자신이 본래 갖추고 있는 부처의 성품을 꿰뚫어 보기 위해 앉

아 있는 수행으로, 자신의 본성을 간파하기 위해 앉아 있는 수행이다. 의심을 깨뜨리기 위해 앉아서 거기에 몰입하는 것이다.

📌 잘못된 습관, 나쁜 행실(취향/기호)

작심삼일(作心三日)이란 '굳게 먹은 마음이 사흘을 못 간다'는 것으로, 사람의 마음이란 쉽게 변하는 것이고, 바위 같은 굳은 결심도 끝까지 지켜 내기란 어려운 것이라는 의미가 담긴 말이다.

더 읽기 자료

■ 사람이 배움에 뜻을 두었다 하더라도 용감하게 앞으로 곧게 나아가 배움을 성취하지 못하는 것은 잘못된 습관이 배우겠다는 뜻을 가로막아 무너뜨리기 때문이다.

人雖有志於學 而不能勇往直前 以有所成就者 舊習 有以沮敗之也.

■ 잘못된 습관에 해당하는 항목을 다음과 같이 열거한다. 뜻을 더욱 굳게 세워 이를 뼈아프게 끊어 내지 않으면, 끝내 배울 터전이 마련하지 못하게 된다.

첫째, 자신의 심지(心志)가 타성에 젖어 몸가짐을 함부로 하고, 오직 한가하고 편안하기만을 생각하면서 구속당하기를 매우 싫어하는 것이다.

둘째, 행동하는 것만을 생각하고 평정을 지키지 못하고, 어지럽게 드나들며 말만 하고 세월을 보내는 것이다.

셋째, 의견이 같은 것은 좋아하고 다른 것은 싫어하고, 유행과 세속에 젖어, 조금은 행실을 닦고 삼가려 하면서도 남들과 괴리될까 두려워하는 것이다.

넷째, 글로 세상에 이름나는 것을 좋아하여, 경전의 내용을 표절해서 부조(浮藻: 쓸데없이 화려하기 만한 문장)를 꾸미는 것이다.

다섯째, 편지 쓰는 데 힘쓰며, 거문고 타고 술 마시는 것을 업으로 삼고, 한가히 놀면서 세월을 보내면서도 고상한 운치(韻致)라고 하는 것이다.

여섯째, 한가한 사람을 모아, 바둑이나 장기를 두고 배불리 먹고 하루를 마치면서, 남과 다투는 데만 힘을 보태는 것이다.

일곱째, 부유하고 귀한 것은 부러워하고, 가난하고 천한 것은 싫어하며, 남루한 옷을 입고 거친 음식 먹는 것을 몹시 부끄럽게 여기는 것이다.

여덟째, 좋아하고 욕심나는 것을 절제하지 않아, 경제적 이익과 음악과 여색을 끊어 내어 통제하지 못하고 그 맛을 사탕처럼 달게 여기는 것이다.

舊習之目 條列如左 若非勵志痛絶 則終無爲學之地矣 其一 惰其心志 放其儀形 只思暇逸 深厭拘束 其二 常思動作 不能守靜 紛紜出入 打話度日 其三 喜同惡異 汨於流俗 稍欲修飭 恐乖於衆 其四 好以文辭 取譽於時 剽竊經傳 以飾浮藻 其五 工於筆札 業於琴酒 優游卒歲 自謂淸致 其六 好聚閒人 圍棋局戲 飽食終日 只資爭競 其七 歆羨富貴 厭薄貧賤 惡衣惡食 深以爲恥 其八 嗜慾無節 不能斷制 貨利聲色 其味如蔗.

📌 **질문**

잘못된 습관을 고치는 일은 쉽지 않습니다. 올바르게 생각하고 말하고 행동하기 위해서는 어떤 노력이 필요할까요?

📌 **답변**

나쁜 습관을 버리고 좋은 습관을 기르려면 상당한 노력과 헌신이 필요할 수 있습니다. 그것은 어렵고 불편할 수 있는 깊이 뿌리박힌 행동 패턴을 바꾸는 것을 포함합니다. 올바르게 생각하고 말하고 행동하는 데 필요한 몇 가지 노력은 다음과 같습니다.

- 자기 인식: 나쁜 습관을 바꾸려면 습관과 그 부정적인 결과를 인식해야 합니다. 언제 습관을 들이고 있고 무엇이 그것을 유발하는지 인식해야 합니다.
- 의지력: 나쁜 습관을 고치려면 의지력과 자기 훈련이 필요합니다. 어렵더라도 변화를 위해 동기를 부여하고 헌신해야 합니다.
- 교체 행동: 단순히 나쁜 습관을 멈추는 것만으로는 충분하지 않습니다. 새롭고 건강한 행동으로 대체해야 합니다. 예를 들어, 담배를 끊고 싶다면 담배를 피우고 싶은 충동을 느낄 때 담배를 대체할 새로운 활동을 찾아야 합니다.
- 일관성: 새로운 습관을 개발하려면 일관성과 반복이 필요합니다. 습관이 될 때까지 새로운 행동을 정기적으로 연습해야 합니다.
- 책임: 책임을 물을 사람이 있으면 나쁜 습관을 버리는 데 도움이 될

수 있습니다. 이것은 친구, 가족 또는 치료사가 될 수 있습니다.

■ 인내: 습관을 바꾸는 데는 시간이 걸리며 진행 상황이 항상 선형적이지는 않을 수 있습니다. 인내심을 갖고 좌절을 경험하더라도 낙심하지 않는 것이 중요합니다.

올바르게 생각하고 말하고 행동하는 측면에서 신중하고 의도적으로 행동하는 것이 중요합니다. 이를 위해서는 자기 인식, 의지력, 교체 행동, 일관성, 책임 및 인내, 자신의 생각과 행동을 인식하고 긍정적이고 건설적인 방식으로 행동하기 위해 의식적으로 노력해야 합니다. 시간이 지남에 따라 이러한 노력은 삶과 웰빙의 상당한 개선으로 이어질 수 있습니다.

이전 답변에 더해 올바르게 생각하고 말하고 행동하는 데 필요한 또 다른 중요한 노력은 교육과 학습입니다. 다양한 상황에서 무엇이 올바른 행동을 구성하는지에 대한 정보와 지식을 적극적으로 찾아야 합니다. 여기에는 책을 읽거나 수업에 참석하거나 해당 분야의 전문가에게 지도를 구하는 것이 포함될 수 있습니다.

또한 타인에 대한 공감과 이해를 실천하는 것이 중요합니다. 여기에는 다른 사람의 입장이 되어 말하거나 행동하기 전에 그들의 관점을 고려하는 것이 포함됩니다. 다른 사람의 의견에 동의하지 않더라도 적극적으로 경청하고 그들의 관점을 이해하려고 노력하는 것이 도움이 될 수 있습니다.

마지막으로, 긍정적인 마음가짐을 기르고 자신과 타인의 좋은 점에 집중하는 것이 중요합니다. 여기에는 감사, 마음 챙김, 자기 연민을 실천하는 것이 포함될 수 있습니다. 긍정적인 사고방식에 집중하고 성장 마

고교학점제를 위한 인문학과 윤리

인드셋을 함양함으로써 더 쉽게 장애물을 극복하고 올바르게 생각하고 말하고 행동하는 목표를 향해 나아갈 수 있습니다.

📌 챗GPT 답변에 대해 자신의 의견 제시하기

_____

_____

_____

_____

_____

_____

_____

_____

_____

_____

_____

_____

_____

_____

_____

_____

_____

_____

_____

지신(持身)
: 몸과 마음을 하나로 한다

몸과 마음을 하나로 하는 데는 '아홉 가지 모습[九容]' 보다 더 절실한 것이 없고, 학문에 나아가 지혜를 더하는 데는 '아홉 가지 생각[九思]' 보다 더 절실한 것이 없다.

收斂身心 莫切於九容 進學益智 莫切於九思.

3장

수렴신심(收斂身心)

몸가짐이 중요한가, 마음가짐이 더 중요한가? 몸가짐이나 마음가짐 중에서 어느 하나만을 중시하면 잘못이기 십상이다. 몸가짐이 형식이라면 마음가짐은 내용이다. 형식과 내용은 모두 중요하다.

겉 볼 안인가, 안 볼 겉인가? 겉과 속이 일치해야 하는가? 아니, 겉과 속이 일치할 수 있는가? 마음과 행동이 언제나 일치할 수가 있을까? 하나의 역할과 기능만 하며 살아갈 수가 없는 세상이다.

세 살 버릇 여든까지 가고, 될성부른 나무는 떡잎부터 알아본다고 하지만 나는 늘 똑같은 내가 아니다. 나의 잠재력이 어디까지 발휘될지 나 자신도 모른다. 믿음과 신뢰를 주는 사람이 되고 싶지만 복잡한 상황은 수시로 탈바꿈을 요구한다.

일과 여가, 학습과 놀이는 경계가 분명하지 않다. 임금을 받는 경우 노동과 여가의 구분이 분명하다. 하지만 재택근무와 같이 노동의 형태가 바뀌면서 그러한 경계도 불분명해지는 듯하다. 잡념, 잡일과 구분하여 공부하고 일하던 시대는 이미 옛날이야기다.

진짜 공부는 학교에서 교과서로 배우는 공부가 아니라 일상생활에서 배우는 공부라고 한다. 하지만 학교를 졸업한 후에도 평생에 걸쳐 끝없이 새로운 것을 배우면서 살아갈 수밖에 없는 세상이 되었다. 생애교육, 평생교육의 시대이다.

공부하는 사람은 평생 공부만 하고 일하는 사람은 평생 일만 하는 사회가 아니다. 계급과 계층을 나누는 기준이 다양하게 설정된다. 자기중심적인 삶의 태도는 미성숙을 의미한다. 그렇다고 타인 중심적 사회가 된 것은 아니다.

의사소통력과 의사 결정력이 중시되는 사회가 되었다. 슬플 때 슬퍼하고 기쁠 때 기뻐할 줄 아는 공감 능력이 중시된다. 기뻐도 슬퍼도 표정을 드러내지 않는다든지 불안과 공포를 느낄 상황에서도 무반응인 사람에게 의사소통력과 공감 능력이 있다고 말할 수 있을까?

정해진 일정한 몸가짐 규칙이나 마음가짐 기준은 다양한 상황 변화에 대한 감수성 부족을 드러낼 뿐이다. 획일적인 행동 양식과 사고방식을 민주 시민에게 강요할 수 없다. 그들이 공감할 수 있는 것은 나눔과 배려의 정신 정도일 것이다.

생각 열기

오늘날 기업의 취업 이력서에는 사진과 가족관계를 기록하는 칸이 사라지고, 블라인드 채용, AI 채용 등 학벌보다는 지원자의 능력과 적성을 보고 채용하겠다고 하지만, 정작 취업 준비생들은 그렇게 생각하지 않는다. 어느 구인구직 업체가 '외모가 취업 스펙이라고 생각하는가?'에 대한 설문 조사를 한 결과, 응답자의 87.6%가 '채용 시 외모가 합격이나 불합격에 영향을 미친다'고 답했다.[49] 그리고 응답자의 48.8%는 '구직 과정에서 외모가 당락에 미치는 영향을 체감'했으며, 외모 때문에 피해를 봤다고 느낀 상황으로는 '서류를 통과해도 면접만 보면 탈락할 때', '외모가 뛰어난 지원자에게 질문이 집중될 때'라고 응답했다.

성형외과가 많은 강남의 여러 병원에서는 면접에서 자꾸 떨어지는 것을 고민하면서 성형 수술이나 시술을 위해 상담하는 사람들이 많다고 한다. 면접관에게 좋은 인상을 줄 수 있는 얼굴, 취업에 유리한 얼굴로 변신하기 위한 비용을 기꺼이 지불한다. 부정교합 치료를 위한 양악수술 등 위험한 수술도 마다하지 않고 있다. 속눈썹이 눈을 찔러 일상생활에 지장을 주는 경우 이를 치료하기 위한 목적으로 쌍꺼풀 수술을 하기도 하지만, 미용을 위한 쌍꺼풀 수술이 많다. 더불어 취업준비생들은 외모 관리를 위해 피부 관리와 운동, 다이어트 등에 매월 일정한 비용을 지출하고 있다고 한다.

영화 〈여섯 개의 시선〉[50]은 6개의 옴니버스 형태로, 첫 번째 이야기는 '그녀의 무게(The 'Weight' of Her)'이다. 전문계 고등학교 3학년 여학생 선경은 외모가 평범하고 몸무게가 많이 나가 고민이다. 취업반이 되면서 선생님들이 취직을 위해서는 외모가 중요하다고 말하자, 취업을 준비하는 학생들은 성형 수술이나 다이어트 등 외모를 가꾸기 위해 갖은 노력을 한다. 선경도 쌍꺼풀 수술을 원하고 다이어트를 위해 단식원에 가기를 희망하지만, 엄마는 무심하게 대하며 딸의 청을 거절한다. 그래서 선경은 쌍꺼풀 수술비를 마련하기 위해 원조교제[51]라는 옳지 못한 선택을 하게 된다.

어떤 가수에게 "못생겼다는 이야기를 들어 본 적 있나?"라는 질문을 했을 때 그녀는 "나는 원래부터 예뻤기 때문에 외모 고민을 처절하게 해본 적이 없다. 악플은 많다. 그러나 진심은 아니라고 생각한다."고 답하며 당당하게 "나는 예쁘다. 사람은 각자 매력이 다르다. 그러나 정작 본인은 모른다. 나는 모든 사람을 예쁘다고 생각한다. 외모 콤플렉스는 때때로 '원동력'이 되기도 한다. 남들이 나의 아름다움을 알아주기 전에 스스로 아름다움을 깨우쳐야 한다."고 답했다. 그녀는 "나처럼 다리가 짧다면? 단점을 보완하는 것에 집중하면서 각자에게 맞는 스타일링법을 찾을 필요가 있다."고 했다.[52]

1. 성형, 화장, 수술 등을 통해 자신의 신체적 콤플렉스를 없애고 당당하고 더 편안한 삶을 살려고 하는 것은 잘못된 행동일까요?

2. 몸가짐에 대한 글 중 '가볍게 거동하지 말라. 입을 다물어라. 서 있는 모습을 덕스럽게 해라.'라는 말은 지금 우리 시대의 중·고등학생들에게 어색한 표현입니다. 구용(九容)의 내용을 우리 시대에 맞게 고쳐 보세요.

3. 맛있는 걸 먹고, 예쁜 걸 입고, 좋은 집에서 사는 등 좋은 환경에서 공부하게 하는 데도, 공부에 흥미를 느끼지 못하는 데에는 무슨 문제점이 있는 것일까요?

4. 열악한 환경을 극복하기 위해 하는 공부는 어떤 가치가 있을까요?

> 용기가 수반되지 않는 지혜는 아무 소용이 없다.
>
> – 발타사르 그라시안(Baltasar Gracian, 1601~1658)

📌 구용(九容): 군자가 몸가짐을 단정히 하기 위해 취해야 할 아홉 가지
자세

① 足容重(족용중): 걸음걸이는 무겁게 하라.

② 手容恭(수용공): 손가짐을 공손히 하라.

③ 目容端(목용단): 눈가짐은 단정히 하라.

④ 口容止(구용지): 입은 조용히 가지라.

⑤ 聲容靜(성용정): 말소리는 조용히 하라.

⑥ 頭容直(두용직): 머리 가짐을 항상 곧게 하라.

⑦ 氣容肅(기용숙): 숨쉬기를 정숙히 하라.

⑧ 立容德(입용덕): 서 있을 때는 곧바로 서서 기상 있는 모습을 보여야
한다.

⑨ 色容莊(색용장): 얼굴 모습은 장엄하게 하라.

📌 구사(九思): 군자가 가져야 할 아홉 가지 바른 생각

① 시사명(視思明): 항상 눈에 가림이 없이 사물이나 사람을 바르게 볼
것.

② 청사총(聽思聰): 항상 남의 말과 소리를 똑똑하고 분별 있게 들을
것.

③ 색사온(色思溫): 항상 온화하여 얼굴에 성난 빛이 없도록 할 것.

④ 모사공(貌思恭): 항상 외모를 공손하고 단정하게 가질 것

⑤ 언사충(言思忠): 항상 진실하고 믿음이 있는 말만 할 것.

⑥ 사사경(事思敬): 모든 일에 공경하고 행동을 조신히 삼갈 것.

⑦ 의사문(疑思問): 항상 의심이 있을 때는 반드시 선각(先覺)에게 물어 알 것.

⑧ 분사난(忿思難): 분한 일이 있을 때는 반드시 사리로 따져서 참을 것.

⑨ 견득사의(見得思義): 항상 재물을 얻게 될 때는 의(義)와 이(利)를 구분하여, 얻어도 되는 것과 버려야 할 것을 명확하게 가릴 것.

📌 몸과 마음을 하나로, 바르게 하는 여러 가지 방법

몸과 마음을 수렴하는 방법은 구용이 으뜸이고, 배움을 진전하고 지혜를 더하는 방법은 구사가 으뜸이다.

📌 학문에 나아가 지혜를 더하는 여러 가지 방법

배우는 사람은 반드시 성실한 마음으로 도를 향하여 세속의 잡된 일로 자신의 뜻을 어지럽히지 않은 후에야 학문을 할 수 있는 토대를 갖추는 것이다. 공자는 '충(忠)과 신(信)을 중심으로 삼아야 한다.' 하였고, 주자는 이를 '사람에게 충과 신이 없으면 하는 일이 모두 진실함이 없어서 악(惡)을 저지르기는 쉽고 선(善)을 실천하기는 어렵다. 그러므로 반드시 이를 중심으로 삼아야 하는 것이다.'고 해석하였다. 반드시 충과 신을 중심으로 삼고 용맹스러이 공부에 착수한 뒤에야 성취하는 바가 있을 것이다.

더 읽기 자료

■ 몸과 마음을 바르게 하고 겉과 속이 한결같게 하여, 깊숙한 데에 있

는 것이 드러난 것과 같게 되고 혼자 있는 것이 여럿이 함께하는 것과 같게 되면, 자기 마음이 푸른 하늘의 밝은 해와 같아 모든 사람이 볼 수 있게 된다.

當正身心 表裏如一 處幽如顯 處獨如衆 使此心如靑天白日 人得而見之.

■ 한 가지 의롭지 못한 일을 행하거나 한 명의 죄 없는 사람을 죽여서 천하를 얻을 수 있다고 하더라도 하지 않겠다는 뜻을 항상 가슴속에 품어야 한다.

常以行一不義, 殺一不辜而得天下 不爲底意思 存諸胸中.

■ 경을 실천함으로써 근본을 세우는 것, 이치를 탐구함으로써 선을 밝히는 것, 힘써 행함으로써 참되게 실천하는 것, 이 세 가지는 죽을 때까지 해야 할 일이다.

居敬以立其本 窮理以明乎善 力行以踐其實 三者 終身事業也.

■ "생각에 치우침이 없다."라는 것과 "공경하지 않음이 없다."라는 이 두 구절만은 일생토록 받아들여 그만둘 수 없기에, 이를 벽에 써 붙이고 잠시라도 잊지 않아야 한다.

思無邪, 毋不敬 只此二句 一生受用 不盡當揭諸壁上 須臾不可忘也.

■ 매일 자주 스스로를 점검한다. 마음을 지키지 않은 적이 있는가. 배움에 나아가지 않음이 있는가. 행실을 힘쓰지 않음이 있는가. 그런 적이 있으면 그것을 고치고, 없으면 더 힘써서 노력한다. 부지런히 힘써서 게을리하지 않고, 죽은 뒤에야 그만둔다.

每日 頻自點檢 心不存乎 學不進乎 行不力乎 有則改之 無則加勉 孜孜
毋怠 斃而後已.

질문

일상생활에서 올바른 사고방식과 행동 양식을 학습하기는 어렵습니다. 현대 사회에서 건전한 상식과 양식을 갖추려면 어찌해야 할까요?

답변

현대 사회에서 건전한 상식과 건전한 감각을 개발하려면 자기 인식, 비판적 사고, 배우고 적응하려는 의지가 모두 필요합니다. 다음은 도움이 될 수 있는 몇 가지 팁입니다.

- **자각하기**: 자신의 생각, 감정 및 행동에 주의를 기울이십시오. 당신의 경험을 되돌아보고 당신을 방해하거나 문제를 일으킬 수 있는 패턴을 식별하려고 노력하십시오. 당신이 어떻게 인식되는지 더 잘 이해하기 위해 다른 사람들로부터 피드백을 구하는 것을 고려하십시오.
- **비판적 사고 연습**: 정보를 신중하고 객관적으로 분석합니다. 판단이나 결정을 내리기 전에 여러 관점을 고려하고 증거를 평가하십시오. 성급하게 결론을 내리거나 고정관념과 가정에 의존하지 마십시오.

- 다른 사람에게서 배우기: 다양한 관점과 경험을 찾으십시오. 다른 사람의 말을 경청하고 다른 생각과 사고방식에 개방적입니다. 정중한 대화와 토론에 참여하여 지식을 확장하고 가정에 도전하십시오.
- 적응력이 키우기: 기꺼이 마음을 바꾸고 새로운 정보나 상황에 적응하십시오. 틀렸거나 실수를 저질렀을 때 인정하는 것을 두려워하지 마십시오. 불확실성과 복잡성을 성장과 배움의 기회로 받아들이십시오.
- 가치의 우선순위 지정: 핵심 가치와 신념을 식별하고 이를 의사 결정 및 행동의 지침으로 사용하십시오. 행동에 일관성을 유지하고 자신의 가치를 유지하는 데 책임을 져야 합니다.

이러한 습관을 꾸준히 실천함으로써 현대 사회의 건전한 상식과 상식을 키울 수 있습니다. 시간과 노력이 필요할 수 있지만 개인적 성장, 의미 있는 관계, 보다 만족스러운 삶이라는 측면에서 그만한 가치가 있는 보상이 될 것입니다.

고교학점제를 위한 인문학과 윤리

장

독서(讀書)
: 의문이 남지 않도록 한다

책을 읽을 때는 반드시 하나의 책을 읽어서 제대로 의미를 깨닫고 뜻과 취지를 알아 의문이 남지 않은 다음에야 다른 책으로 바꾸어 읽는다. 많이 읽고자 욕심내거나 얻는 데 빠져 바쁘게 다그치듯 책을 읽어서는 안 된다.

凡讀書 必熟讀一册 盡曉義趣 貫通無疑然後 乃改讀他書 不可貪多務得 忙迫涉獵也.

관통무의(貫通無疑)

인터넷으로 동영상 강의를 듣는다. 전자책을 읽는다. 인터넷으로 정보를 검색한다. 누군가는 인터넷을 '정보의 고속도로'라고 말한다. 그런가 하면 또 다른 사람은 인터넷을 '정보의 쓰레기통'이라고까지 말한다. 정보처리 능력을 요구하는 시대이다.

학교에서는 교과서로 공부하지만 전자 교과서를 쓰기도 한다. 과제물을 편집하고 인쇄하여 제출한다. 교사들은 실험정신을 강조한다. 시행착오를 인정해 준다. 인간이 오류를 저지를 수 있다는 점을 당연시한다.

문법, 논리학, 수사학을 공부하지만 대수학, 기하학, 천문학의 기초도 공부한다. 역사학, 도덕학, 정치학, 사회학, 경제학도 공부한다. 물리학, 생물학, 화학, 지구과학의 기초 지식을 배운다. 음악, 미술, 체육 등의 실기와 이론도 배운다.

탐구학습과 자율학습그리고 자기 주도 학습을 강조한다. 공부는 어렸을 때만 하는 것이 아니라 평생에 걸쳐 할 수밖에 없다고 한다. 법학, 의학, 공학, 경영학, 회계학, 무역학 등 전문 직업을 갖게 될지도 모르므로 관련 지식을 배운다.

만유인력의 법칙, 상대성 이론, 진화론 같은 자연과학의 기초 지식도 익힌다. 진로 지도를 받으며 우리 사회에 수많은 직업이 있다는 것을 알게 된다. 특히 오늘날에는 문화와 관련된 직업이 가장 창의적인 직업임을 알게 된다.

누군가는 말한다. 학교에서는 너무 많은 교과 지식을 배운다고. 하지만 미래에 어떤 지식이 나의 삶에 크게 도움을 줄지 알 수 없다. 지식과 정보의 편식이 오히려 더 큰 문제일지 모른다. 관심과 흥미가 있다면 어떤 분야라도 살펴보아야 한다.

어쩌면 지식과 정보는 소비 대상일지도 모른다. 우리에게 필요한 것은 비판적 사고, 창의적 사고이다. 지식이 공유(共有)였던 시대가 지나고 사유(私有)가 되었다. 지적소유권이라는 새로운 가치가 대두된다. 표절 문제 등이 사회문제가 되었다.

문자나 말로 된 교재보다 그림, 동영상, 음악, 영화와 같은 시청각 교재가 더 많이 제작되고 있다. 여행과 답사 등 체험 학습을 비롯하여 실생활 경험의 기회가 교육에서 더 많아졌다.

생각 열기

2021년 전국 초중등 교사들을 상대로 학생들의 문해력을 조사한 결과 100점 만점 기준에 70점대이며, 35.1%는 60점대라고 답했다. 문해력 저하의 주된 원인은 '유튜브 등 영상 매체에 익숙해져서'(73%)와 '독서를 소홀히 해서'(54.3%) 순이며, 한자 교육, 어휘 교육, 일기 쓰기 금지 등에 관한 얘기도 언급됐다. 요즘 학생들이 어릴 때부터 유튜브에 노출되어 책을 읽지 않고 영상만 보게 되면서 단어의 문맥상 의미를 해석하기 힘들어하고 어휘력이 부족한 것으로 분석된다. 문해력을 높이는 가장 좋은 방법으로 독서를 추천하지만, 독서 습관이 되어 있지 않은 학생들은 책이 익숙하지 않다. 학생들이 부담 없이 책을 읽을 수 있도록 짧은 글부터 읽는 것을 습관화시키는 것이 중요하다. 문장으로 의견을 쓰고 말하는 것이 중요하며, 일기 쓰기 등 자신의 감정을 문장으로 표현하는 것이 중요하다.[53]

요즘 수업을 하다 보면 교과서의 어휘와 내용조차 이해하지 못하는 학생을 종종 볼 수 있다. 문장의 기초를 읽고 이해하는 문해력은 매우 중요하며, 독서가 많은 도움이 된다. 독서로 문장의 기초적인 이해를 통해 문해력을 키운다면 학업 성취도가 높아질 것이다.

그렇다면, 독서는 어떻게 하는 것이 좋을까? 문해력 향상을 위해서는 책 한 권을 읽더라도 제대로 읽는 것이 중요하다고 보는 반면, 다독을 하는 것이 중요하다고 보는 입장이 있다. 책 한 권을 제대로 읽는 것은 생각보다 시간이 많이 걸리지만, 책의 내용을 제대로 이해하고 자기 생각을 자연스럽게 표현하기 위해서는 천착하는 독서 습관이 중요하다. 그러나 다독이 중요하다고 보는 입장은 속독을 통해 독서를 하는 것이 좋다고 말한다. 급변하는 시대 속에서 무엇인가를 빠르게 읽고 정보를 습득하는 것이 경제적이라는 것이다. 속독의 기술을 익힌다면 시간의 절약과 지속적인 훈련을 통해 집중력이 향상되며, 지문에서 의미하는 바를 빠르게 이해하는 데 도움이 된다고 한다. 그러나 자신이 읽은 책을 제대로 이해하고 있을지 의문이 든다. 많은 책을 읽게 되더라도 독서의 경험이 쌓일 뿐, 책의 내용을 깊이 이해하고 참된 즐거움을 느낄 수 있을지는 미지수이다.

한때 속독법이 유행하였으나, 그러한 기술에 의해 독서를 하는 학생들은 수박 겉핥기식 독서를 할 수밖에 없다. 한 권을 읽더라도 제대로 읽는 것을 추천하며, 이해하지 못한 부분이 있다면 같은 책을 반복해서 읽는 것도 하나의 방법이다.

요즘 독서를 하지 않으면 졸업할 수 없는 대학이 있다고 한다. '고전 읽기'를 졸업 필수 요건으로 지정하는 대학들이 있는데, 이는 학생들이 세상을 이해하고 넓은 안목을 기르기 위해 고전 독서가 필요하다고 판단

되기 때문이다. 당장 효과를 확인하기 어렵지만, 장기적인 관점에서 독서는 필요하다. 세상을 이해하고 나의 철학을 만들어 가기 위해 한 권이라도 제대로 읽는 연습을 먼저 하는 것이 중요하다.[54]

생각 더하기

1. 바람직한 인간이 되기 위한 필수조건은 무엇이라고 생각하나요?
2. 창의적인 사고를 위해 필요한 학습법으로는 어떤 것이 있을까요?

명언 읽기

> 어둠이 지나야만 아침이 온다.
>
> ― 『반지의 제왕』 작가 톨킨(J. R. R. Tolkien, 1892~1973)

주요 개념 이해하기

📌 독서를 해야 하는 이유와 자세(율곡 이이)

- 올바른 길로 들어서기 위해서는 먼저 이치를 추구해야 하고, 이치를 추구하기 위해서는 독서를 해야 한다.
- 성인(聖人)들과 현자(賢者)들이 쓴 마음의 자취는 본받을 만하고 선

과 악 등 본받거나 경계해야 할 일들이 책에 씌어 있기 때문에 독서를 해야 한다.

📌 독서 방법

1. 이이

율곡이 제시하는 독서 방법 및 순서는 『소학』→『대학』, 『대학혹문』→『논어』→『맹자』→『시경』→『예경』→『서경』→『역경』→『춘추』 순서로 읽되, 철저히 읽어 이해하여야 한다고 제시한다. 그리고 송나라의 『근사록』, 『가례』, 『심경』, 『이정전서』, 『주자대전』, 『주자어류』 및 기타 『성리설』 같은 책을 마땅히 틈틈이 정독하고, 남은 여가에 또한 역사책을 읽어 고금의 사변을 통달하여 식견을 신장시켜야 한다. 이단이나 잡류로 바르지 못한 책 같은 경우는 잠깐 동안이라도 펼쳐 보아서는 안 된다.

① 소학: 어버이를 섬기고 형을 공경하며, 임금에게 충성하고 어른을 공경하며, 스승을 높이고 벗을 사귀는 도리.

② 대학: 이치를 궁구하고 마음을 바르게 하여 자기를 닦고 남을 다스리는 도리.

③ 논어: 인을 구하고 참된 자신을 위한 학문을 하고 본원을 함양하는 내용.

④ 맹자: 의리와 이익을 분명하게 분별하는 일과 인욕을 막고 천리를 보존하는 내용에 대해 일일이 밝게 살펴서 확충, 성정의 올바른 뜻과 미루어 지극히 하는 공부와 천지가 제자리를 얻고 만물이 생육되는 미묘한 이치.

⑤ 시경: 성정의 간사하고 바름과 선악을 칭찬하고 징계함에 대해 일일이 깊이 생각하며 선한 마을을 감발하고 악한 마음을 징계해야

할 것.

⑥ 예경: 천리의 절문과 의칙의 도수.

⑦ 서경: 이제와 삼왕이 천하를 다스린 대경대법.

⑧ 역경: 길흉과 존망 진퇴와 소장의 기미.

⑨ 춘추: 성인이 선을 기리고 악을 벌하며 억양하고 조종하는 은미한
말씀과 오묘한 뜻에 대해 일일이 자세히 연구.

2. 정약용

① 박학(博學): 두루 혹은 널리 배우는 것.

② 심문(審問): 자세히 묻는 것.

③ 신사(愼思): 신중하게 생각하는 것.

④ 명변(明辯): 명백하게 분별하는 것.

⑤ 독행(篤行): 진실한 마음으로 성실하게 실천하는 것.

3. 주자

① 순서점진(循序漸進): 기초에서부터 읽기 시작해서 한 권 한 권 읽는
책을 늘리고 높여 간다. 책을 읽을 때는 글자, 단어, 구절, 문장 하
나하나 그 안에 담긴 뜻을 제대로 알아야 한다. 독서는 낮은 것에
서 높은 것으로, 또 얕은 곳에서 깊은 곳으로 나아가야 한다.

② 허심함영(虛心涵永): 자세하고 성실하게 읽은 후에 함께 모여 반복해
서 토론하고 연구하고 연마하며 체험을 통해 뜻을 터득한다. 일을
할 때는 적당히 하는 것을 절대 삼가야 한다.

③ 절기체찰(切己體察): 사상, 경험, 수요와 결합하여 문헌 중의 의미를
몸으로 느끼면서 '지상득래종각천 절지차사요궁행(紙上得來終覺淺

絶知此事要躬行)’, 즉 종이에서 얻은 것은 결국 얕은 것이고, 이 일은 반드시 몸으로 직접 실천하는 것이 중요함을 바로 알아야 한다.

④ 숙독정사(熟讀精思): 글의 뜻을 하나하나 잘 생각하면서 읽고 심각하게 그 뜻을 깨달음으로써 책 속에서 하는 말이 마치 자기의 입에서 나오는 듯하게 하고, 그 사상이 자기 자신의 사상으로 녹아들 때까지 사고해야 한다.

⑤ 착긴용력(著緊用力): 정신을 모으고 공을 들이고 힘을 써서 자신의 몸으로 익혀야 한다. 물을 거스르는 배가 앞으로 나아가지 않으면 밀려나는 것처럼 잠시의 흐트러짐도 없이 각고의 노력을 기울여야 한다.

⑥ 수교유의(須敎有疑): 문제를 해결하는 것은 의문을 갖는 것에서부터 출발한다. 의문을 갖는 것에서 출발해서 의문이 없는 데 이르러야 바로 아는 것이고, 그래야 견실한 앎을 내 것으로 할 수 있음을 알아야 한다.

📌 독서법

– 숙독(熟讀): 글의 뜻을 새기면서 자세히 읽는 것. 정독(精讀), 열독(熱讀).

– 속독(速讀): 책이나 글을 빨리 읽는 것.

– 통독(通讀): 책을 중간에 건너뛰지 않고 처음부터 끝까지 훑어 읽는 것.

– 발췌독(拔萃讀): 책이나 글에서 필요하거나 중요한 부분만을 발췌하여 읽는 것.

– 묵독(默讀): 글을 소리 내재 않고 눈으로 읽는 것.

- 음독(音讀): 글을 혼자 소리 내어 읽는 것.
- 낭독(朗讀): 타인에게 들려주기 위해 소리 내어 읽는 것.
- 남독(濫讀): 책의 내용이나 수준 등을 가리지 않고 되는 대로 마구 읽는 것.
- 편독(偏讀): 한 방면에만 치우쳐서 책을 읽는 것.

📌 작자의 의도 및 취지와 독자의 관점

주자는 『주자어류(朱子語類)』에서 독서란 격물(格物) 중 한 가지 일이라고 하였다. "무릇 내가 일상생활 하는 것이 도서(道書)에 의거하지 않은 것이 없으면 그것이 내 마음에 접하고 내 마음에 모여들게 된다. 그렇기 때문에 반드시 먼저 몸에서 구한 뒤에 책에서 구하면 독서가 비로소 맛이 있게 된다."

📌 독서의 기술(How to Read a Book)

모티머 J. 애들러의 저서로, 비소설 서적에 대한 독서 방법에 대해 저술한 것이다. 그는 독서란 책 안에 있는 내용을 가급적 많이 취득하기 위한 것이라고 말하며, 3단계로 설명한다.

첫째는 구조적 단계로 책의 구조와 목적을 이해하는 것으로 기본 주제와 형식을 결정한다.

둘째는 번역 단계로 저자의 논증을 구조화시키는 것, 즉 저자가 사용하는 특정 어휘와 용어를 찾아내어 그가 주장하는 전제조건을 파악한다.

셋째는 분석하는 단계로 책을 비평하는 것으로 저자 수준의 이해를 요구하는데, 책 전체가 가진 장점과 정확성을 따지고, 저자의 논증이 과연 옳은지 판단한다.[55]

책을 읽을 때는 단정히 손을 모으고 가지런하게 앉아서, 공경하는 마음가짐으로 책을 마주하고, 마음을 오로지 하고 뜻을 극진히 하며, 자세히 생각하고 함영(涵泳: 익숙히 읽고 깊이 생각하는 것을 말함)하여, 의미를 깊이 이해하고 구절마다 반드시 실천할 방법을 구해야 한다. 입으로 소리 내서 읽으면서도 마음으로 체득하지 못하고 몸으로 실행하지 못한다면, 책은 책대로이고 나는 나대로일 것이니, 무엇을 얻을 수 있겠는가?

凡讀書者 必端拱危坐 敬對方冊 專心致志 精思涵泳(涵泳者 熟讀深思之謂) 深解義趣 而每句 必求踐履之方 若口讀而心不體 身不行 則書自書 我自我 何益之有.

📌 질문

공부를 할 때 어느 한 분야를 완전히 끝낸 후에 다른 분야로 넘어가는 게 좋을까요, 아니면 여러 분야를 두루 동시에 공부해 가는 게 좋을까요?

📌 답변

이 질문에 대한 대답은 개인의 학습 스타일, 개인적 선호도 및 공부하는 특정 자료에 따라 다를 수 있습니다. 그러나 일반적으로 여러 분야를 동시에 공부하는 것보다 한 번에 한 분야에 집중하는 것이 더 효과적인 경우가 많습니다.

하나의 주제에 집중하면 자료에 몰입하고 개념을 더 깊이 이해할 수 있습니다. 이 초점은 정보를 더 쉽게 기억하고 서로 다른 개념을 연결하는 데 도움이 될 수 있습니다. 또한 한 번에 한 과목을 공부할 때 여러 정보 세트를 머릿속에 똑바로 유지하려고 노력함으로써 압도되거나 혼란스러워질 가능성이 적습니다.

반면에 여러 분야를 동시에 공부해야 하는 경우, 과목을 번갈아 가며 공부할 수 있는 일정이나 루틴을 만드는 것이 도움이 될 수 있습니다. 예를 들어, 한 과목을 공부하는 데 몇 시간을 보낸 다음 휴식을 취하고 몇 시간 동안 다른 과목으로 전환할 수 있습니다. 이 접근 방식은 마음을 신선하게 유지하고 한 가지 주제에 대해 지루해지거나 소진되는 것을 방지하는 데 도움이 될 수 있습니다.

궁극적으로 가장 효과적인 접근 방식은 개인의 학습 스타일, 공부하는 특정 자료 및 개인적 선호도에 따라 달라집니다. 자신에게 가장 적합한 것을 찾기 위해 다양한 학습 방법을 실험하는 것이 중요합니다.

📌 챗GPT 답변에 대해 자신의 의견 제시하기

5장

사친(事親)
: 자기 마음대로 하지 않는다

무릇 부모를 모시는 사람은 한 가지 일이나 행동이라도 자기 마음대로 하지 않고 부모의 허락을 받은 뒤에 행한다. 해야 하는 일인데도 부모가 허락하지 않으면 자세히 설명하고 인정을 받아 행한다. 끝내 허락하지 않더라도 곧바로 자기 마음대로 하지 않도록 한다.

凡事父母者 一事一行 毋敢自專 必稟命而後行 若事之可爲者 父母 不許 則必委曲陳達 領可而後行 若終不許 則亦不可直遂其情也.

무감자전(毋敢自專)

　건강가정기본법은 건강한 가정과 건강하지 못한 가정을 구분한 데서 비롯된 문제점 이외에도 많은 비판이 제기되었다.

　과거 정상가족 개념과 비정상가족을 구분하는 시각이 차별을 가져왔듯이 건강가족과 그렇지 못한 가족의 구분은 일상생활에서의 부양, 양육, 보호, 교육에 대한 국가의 지원을 제한하는 조건으로 작용하였고 지금도 그러하다. 비판의 가장 기본적인 전제는 국가가 부담해야 할 책무를 가족에게 떠넘긴다는 점이다.

　가정을 '가족 구성원이 생계 또는 주거를 함께하는 생활 공동체'로 규정한 것에도 근본적인 문제가 있다. 전통적으로 가정은 동거가족이었으나 오늘날에는 분산가족이 더욱 일반화되어 있기 때문이다. 자녀를 국내나 해외로 유학 보낸 기러기아빠와 엄마, 직장 문제로 주중에 따로 떨어져 생활하는 주말부부 등 분산가족이 동거가족보다 많아졌다.

가족 구성원의 욕구가 충족되고 인간다운 삶이 보장되는 가정을 건강 가정으로 규정한 것에는 겉으로 보기에 아무런 문제가 없어 보인다. 그러나 욕구가 충족되고 인간적인 삶이 보장되는 기준이 무엇인지는 끝없는 논쟁거리이다. 욕구란 끝이 없기 때문이다. 최저생계비나 최저임금은 하한선을 규정한 것이지만 한없이 상향될 수밖에 없다.

건강가정기본법이 설정한 부양 개념도 분명하지 않다. 입양가정 부양, 미성년자 부양, 성인자녀 부양, 노인부모 부양이 기본이라고 보겠지만, 실제로 다문화가정 부양, 한부모가정 부양, 결혼이민자가정 부양, 재혼가정 부양, 셰어하우스가정 부양, 캥거루족가정 부양, 동거가족 부양 등 형태가 매우 다양하다.

다세대가정이나 핵가족보다 1인 가구가 크게 증가하는 추세는 건강가정기본법의 존재 자체를 위협한다. 1인 가구도 가정인가, 독신 가족도 가족인가 하는 의문이 제기된다. 1인 가족이나 1인 가정이라는 말이 어색하므로 1인 가구라는 용어를 사용하지 않을 수 없다. 1인 가구의 부양, 양육, 보호, 교육은 모두 자기 부양, 자기 양육, 자기 보호, 자기 교육이 아닌가?!

우리 시대는 이웃이 가족이 된 사회이다. 오늘날 새로운 가정의 모습은 이웃을 가족처럼 사랑하고, 이웃에게서 가족의 기능을 체험해야 하는 시대인지도 모른다. 가정교육의 목표와 내용 그리고 방법은 변화된 사회에 걸맞은 것이어야 할 것이다.

손녀는 매일 저녁 할머니와 통화를 한다. 부모와 자녀는 카톡방에서 수시로 대화를 나눈다. 멀리 떨어져 사는 가족끼리 화상 회의를 한다. 온라인과 오프라인으로 가족 간의 의사소통이 가능해졌다. 가족 모두가 핸드폰을 들고 다니며 수시로 생각을 나눈다.

생각 열기

우리의 몸은 머리끝부터 발끝까지 모두 부모에게서 받은 것으로 이를 손상시키지 않는 것[56]이 효의 시작이라고 우리는 늘 배워 왔다. 하지만 오늘날 그렇게 생각하지 않는 젊은 세대들도 많아졌다. 요즘은 부모가 자신들을 부양해 주는 조건으로 재산을 증여해 주는 경우가 있는데, 간혹 재산을 증여받은 후 불효자로 돌변한 자식들과의 갈등이 사회적인 문제로 대두되기도 한다.

2013년 유교의 본고장 중국의 상하이에서 '효도법'이 제정되었는데, 만약 연로하신 부모님을 방문하지 않을 경우 신용등급을 낮게 부과해 주택을 구입할 때 불이익을 당하게 할 수 있다. 또한 부모는 불효자식을 고소할 수 있고, 양로원이나 요양원 노인들도 소송을 제기할 수 있다. 베이징, 광둥성, 장쑤성 등에서도 '노인권익보호법'을 시행하고 있는데, 정기적으로 방문하지 않는 등 부모에 대한 의무를 다하지 않는 자녀들을 고소하거나 정부에 중재를 요청할 수 있다.

2014년 지상파 한 드라마에서, 병원에 입원해도 찾아오는 자식이 없고 오히려 자신이 운영하는 건물의 명의 이전을 자식들이 요구하자 아버지는 스무 살 이후 들어간 모든 양육비를 돌려받겠다며 자녀들을 대상으로 '불효 소송'을 낸다는 이야기가 많은 사람들의 공감대를 불러온 적이 있다. 이에 따라 우리나라에도 '불효자 방지법'이 제정되어야 한다는 목소리가 있는데, 부모 생전에 재산을 물려받은 자녀가 부양 의무를 이행하지 않거나 학대 등 부당한 대우를 했을 때 증여를 해제하는 법안이다. 부모 부양을 잘하는 자녀에게는 상속세·증여세 등을 경감해 주고, 재산을 증여받은 자녀가 부양의 의무를 다하지 않을 경우 언제든지 그 재산을 환수할 수 있도록 제도화하는 내용이다.

그러나 이런 효도법을 강제로 이행해야 하는 것에 대해 여러 가지 의문점을 제기하는 경우가 많다. 각자 처해진 상황들이 다르기도 하고, 부모님을 자주 찾아뵙고 싶어도 중국 같이 이동 거리가 긴 경우 쉽지 않을 수도 있다. 교통비와 긴 휴가를 낼 수 없는 사정이 있는 사람들은 '부모님 방문 서비스'를 이용할 수 있는데, 이는 부모를 방문하지 못하는 자녀들을 대신해서 수고비를 받고 대리 방문해 주는 서비스이다.

재산을 증여받은 이후 부모에 대한 부양 의무를 저버리는 불효자에게서 증여 재산을 환수할 수 있게 하는 민법 개정안을 검토해야 한다는 목소리에, '효도'를 법의 잣대로 이행해야 한다는 것은 문제라는 지적이 있다.

부모의 은혜를 이야기하는 경전에는 유교의 『효경(孝經)』, 불교의 『부모은중경(父母恩重經)』이 있다. 불교 경전에서도 부모의 은혜가 한없이 크고 깊기에 그 은혜에 보답해야 한다며 10대 은혜 등 구체적인 예를 제시하는 데, 『효경』이 아버지의 은혜와 효도를 강조하는 것과는 달리 불교 경전에서는 어머니의 효도와 은혜를 강조하고 있다.[57]

전통사회에서 전해 내려오는 수많은 효자 효녀들의 효도 방법은 오늘날에는 시대에 맞지 않는 경우가 많다. 아버지의 눈을 뜨게 하기 위해 공양미 삼백 석에 몸을 팔아 인당수에 몸을 던지는 심청이는 오늘날의 시각으로는 인신매매에 해당될 수 있다. 병환 중인 어머니께 손가락을 잘라 피를 넣어 드린 자녀는 또 어떠한가? 부모님이 돌아가시면 3년 시묘살이를 하는 자녀는 또 어떠한가?

중국 진나라에 왕연이라는 사람은 매일 아침 동이 틀 때와 해가 질 때 부모님을 찾아 안부를 물었는데, 아침저녁으로 부모님의 안위를 살피는 것이 과거 효의 도리였다. 그러나 오늘날의 효도 방법은 정말 많이 변한 듯하다. 평균 수명이 늘어나면서 오늘날의 부모들은 자식의 효도라는 보험에 기대기보다는 무병장수하기 위해 새로운 방법을 모색해야만 하는 시대가 왔다. 이제는 오래 사는 것이 오히려 축복이 아닌 재앙이 될 수도 있을 것이므로 스스로 노후를 책임져야 한다. 효도를 강제하기보다는 기대 수명 못지않게 건강 수명이 중요함을 깨닫고 규칙적인 운동과 건강한 정신을 유지하도록 노력해야 할 것이다. 국가는 효도마저 법으로 강제해서 미래 세대에게 책임을 지게 하지 말고 사회 복지 차원에서 노후 복지를 강화해야 할 것이다.

생각 더하기

1. 전통적인 효도 방법에 대해 살펴보고, 장점과 단점에 대해 토론하세요.
2. 오늘날 효도 방법은 과거와 사뭇 다릅니다. 달라진 효도에 대해 구체적인 예를 들어 설명해 보세요.

고교학점제를 위한 인문학과 윤리

존중받고 싶으면 자신을 존중하라.

– 발타사르 그라시안(Baltasar Gracian, 1601~1658)

주요 개념 이해하기

📌 혼정신성(昏定晨省)의 어제와 오늘

혼정신성(昏定晨省)이란 효도의 대표적인 말로, 『예기』의 곡례편에 나오는 글이다. 무릇 사람의 자식으로서 해야 할 도리는 겨울에는 따뜻하게 여름에는 시원하게 해 드리고, 저녁에는 잠자리를 살피고 아침에는 일찍이 문안 인사를 드리고, 형제자매끼리는 다투지 않아야 한다.[58] 이렇듯 '효'는 아주 작은 것부터 시작하는 것임을 알 수 있는데, 비슷한 성어로는 자식이 봉양하고자 하나 부모는 기다리지 않는다는 풍수지탄(風樹之歎)[59], 반포지효(反哺之孝), 회귤고사(懷橘故事), 망운지정(望雲之情), 임심리박(臨深履薄), 숙흥온정(夙興溫淸)[60] 등이 있다.

📌 부모와 자녀

혈연, 인연, 입양으로 연결된 일정 범위의 사람들로 구성된 집단으로 남편과 아내, 부모와 자녀, 형제자매처럼 이루어진 관계를 가족이라 한다. 가족 구성원들은 각자의 역할 내에서 상호 작용하며 의사소통을 하면서 공통된 문화를 만들어 낸다.

부모는 아버지와 어머니를 아울러 이르는 말로, '양친(兩親)', '어버이'라고도 한다. 부모의 '부'는 父(아비 부)로서 '아버지'를, '모'는 母(어미 모)로서 '어머니'를 뜻한다. 자녀는 아들과 딸을 아울러 이르는 말, 동기(同氣)는 같은 부모에게서 난 형제자매를 말하며, 부모 양쪽 모두가 같거나 부모 한쪽이 같은 경우 모두를 포함한다. 또한, 서로 생물학적인 관계는 없지만 부모의 재혼이나 입양 등으로 인하여 형제자매가 되는 일도 있다. 남자 동기간을 형제(兄弟), 여자 동기간을 자매(姉妹), 남자와 여자 동기간을 남매(男妹: 손위 남자 형제와 손아래 여자 형제는 또한 오누이)라고 구분해 일컫기도 하며, 통틀어 형제자매(兄弟姉妹)로도 부른다. 친동기(親同氣), 한동기(-同氣) 등의 용어도 쓰인다.[61] 가족의 크기, 세대별 유형, 가족 형태, 가족 유형 등을 포함하는 가족의 형태는 사회구조적 요인의 변화에 따라 지속적으로 변화하고 있다.

📌 천륜과 인륜

- 천륜(天倫): 핏줄로 이어진 관계를 말하며 대표적인 것이 부모 · 형제 간으로, 끊고 싶다고 끊을 수 없는 관계를 말한다.
- 인륜(人倫): 사람 사이에 지켜야 할 도리로 부부 · 친구 · 사제 등의 상하관계 질서를 따진다. 예를 들어 삼강(군위신강, 부위자강, 부위부강)과 오륜(부자유친, 군신유의, 부부유별, 장유유서, 붕우유신)이 있다.

고교학점제를 위한 인문학과 윤리

매일 날이 밝기 전에 일어나 세수하고 머리를 빗고 옷을 입고 띠를 띠고서 부모의 침소로 나아가 기운을 낮추고 목소리를 부드럽게 하여 더우시거나 추우신지와 편안하신지나 그렇지 않은지를 여쭙는다. 날이 어두워지면 침소에 나아가 이부자리를 정해 드리고, 따뜻한지 서늘한지를 살핀다. 낮 동안 받들어 모실 적에는 항상 얼굴빛을 온화하게 하고 용모를 공손히 하여 응대하기를 공경히 하고, 곁에서 봉양하여 그 정성을 극진히 하며, 나가고 들어올 적에는 반드시 절하고 하직하며 절하고 뵙는다.

每日未明而起 盥櫛衣帶 就父母寢所 下氣怡聲 問燠寒安否 昏則詣寢所 定其褥席 察其溫涼 日間侍奉 常愉色婉容 應對恭敬 左右就養 極盡其誠 出入 必拜辭拜謁.

📌 질문

현대 사회에서 부모에 대한 자녀의 도덕적 의무와 자녀에 대한 부모의 도덕적 의무 중에서 어느 쪽이 더 중요한가요?

📌 답변

부모에 대한 자녀의 도덕적 의무와 자녀에 대한 부모의 도덕적 의무는 모두 현대 사회에서 중요하며, 양자는 서로 다른 측면이 있어 어느 것이 더 중요하다고 말하기 어렵습니다.

한편으로 부모에 대한 자녀의 도덕적 의무는 자녀를 양육하고 양육한 사람에게 보여야 할 존경과 감사에서 비롯됩니다. 여기에는 연로한 부모를 돌보고, 정서적 및 재정적 지원을 제공하고, 그들에게 한 약속을 이행하는 것이 포함될 수 있습니다. 그러나 이 의무는 부모의 학대 행위를 용인하거나 부모를 기쁘게 하기 위해 자신의 복지를 희생하는 것으로 확장되지는 않는다는 점에 유의하는 것이 중요합니다.

한편, 자녀에 대한 부모의 도덕적 의무는 자녀가 책임감 있는 성인으로 성장하고 발전할 수 있는 안전하고 양육적인 환경을 제공하는 것입니다. 여기에는 신체적·정서적 필요를 제공하고, 교육과 열망을 지원하고, 삶의 지침이 될 가치와 윤리를 가르치는 것이 포함됩니다.

결국 현대 사회에서는 부모에 대한 자녀의 도덕적 의무와 자녀에 대한 부모의 도덕적 의무가 모두 중요합니다. 그러나 이러한 의무에 수반되는 세부 사항은 문화적 및 가족적 상황에 따라 다를 수 있습니다. 개인이 관련된 모든 당사자에게 건전하고 유익한 방식으로 이러한 의무를 탐색하는 것이 중요합니다.

📌 챗GPT 답변에 대해 자신의 의견 제시하기

6장

상제(喪制)
: 마지막 큰 도리를 다한다

증자가 "사람은 자신에게 정성을 다하지 않더라도, 부모의 상을 당하면 정성을 다한다."라고 했듯이, 돌아가신 분을 보내 드리는 것은 부모를 모시는 마지막 큰 도리이다. 돌아가신 분을 보내 드리는 데 정성을 다하지 않는데 어디엔들 정성을 다하겠는가?

曾子曰 人未有自致者也 必也親喪乎 送死者 事親之大節也 於此
不用其誠 惡乎用其誠

사친대절(事親大節)

노인정에 모인 사람들이 말한다. 어느 날 잠자듯이 세상을 떠나면 좋겠다고. 전통적으로 급작스러운 죽음과 집 밖에서의 죽음은 피해야 할 일이었다. 오늘날 자기 집에서 죽음을 맞이하면 의사에게 다시 사망 확인을 받아야 한다. 경우에 따라 경찰 조사가 끝난 후에야 장례 절차를 시작할 수 있다.

잘 사는 일, 웰빙(well-being)은 당연히 중요하다. 동시에 잘 사는 일만큼이나 잘 죽는 일, 웰다잉(well-dying)도 중요하다. 존엄사는 사회 문제이다. 초고령사회를 앞두고 준비된 죽음에 대한 관심이 커지고 있다.

나이 들어 치매에 걸리면 가족들에게 엄청난 어려움을 안겨 준다. 정부에서 이런 문제를 전담해 주면 좋겠지만 아직 우리 사회는 미흡하다. 질병, 고독, 빈곤은 나이 든 사람들의 삶의 질을 극도로 악화시킨다.

준비된 죽음은 어떤 것일까? 사람들 중에는 버킷리스트를 작성하고, 사전의료의향서를 마련하고, 장기 기증이나 장례를 위한 상조서비스 등의 문제를 가족들에게 미리 부탁해 놓는 사람이 있다. 비문을 써 놓거나 유언장을 미리 작성해 놓는 일도 있다.

당하는 죽음이 아니라 맞이하는 죽음이 되려면 어떤 일을 해야 할까? 어떤 사람은 요양병원이나 요양기관 등을 미리 확인해 놓는다. 옛날에

도 좋은 죽음과 나쁜 죽음이 있었고, 그것은 오늘날에도 마찬가지이다.

장례 방식과 장지 선택, 물품 정리, 영정사진 준비, 신변 정리를 위한 엔딩노트 작성과 같은 일도 필요하다. 웰다잉 상담사, 지도사, 심리상담사와 같은 사람들의 도움을 받을 수도 있다.

죽음을 아름답게 받아들이려면 철저한 준비가 필요하다. 품위 있고 존엄하게 삶을 마무리하는 일은 눈앞에 다가온 초고령사회에서 선택이 아니라 필수가 될 것이다.

생각 열기

고려 시대 광종 때 죽은 사람과의 관계에 따라 상복을 입는 방법과 기간을 규정했다고 전해지며, 조선 시대 성리학이 정착되면서 태종은 주자가례를 원칙으로 하는 상례를 만들었다. 세종 때에는 『오례의』를 편찬하였고, 성종 때 『경국대전』이 편찬되고 그 후 법이 정착되면서 상례를 엄격하게 지키는 것이 효도라고 생각하게 되었다.

재아는 공자에게 "삼년상은 1년만으로도 이미 오래입니다. 군자가 3년 동안 예를 행하지 않으면 예는 반드시 무너질 것이며, 3년 동안 음악을 하지 않으면 반드시 붕괴할 것입니다. 묵은 곡식이 다 없어지고 새 곡식이 오르며, 부싯돌 불씨도 바뀌므로 1년이면 상을 끝내도 될 것입니다."라고 말하였다. 공자가 묻길, "쌀밥을 먹고 비단옷을 입으면 네게 편안하더냐?" 하시니, 재아가 대답하기를 "편안합니다." 하였다. 공자가 말하길 "네가 편안하다면 그렇게 해라! 군자는 상중에 있으면 맛있는 음식을 먹어도 달지가 않고, 음악을 들어도 즐겁지 않으며, 사는 곳도 편안치 않으니 그래서 하지 않는 것이다. 지금 네가 편안하다면 그렇게 해라!" 재아가 밖으로 나가자, 공자는 "여는 어질지 못하구나! 자식은 태어나 3년이 지난 뒤에야 부모 품을 면한다. 삼년상은 천하에 통용되는 상례다. 여도 제 부모로부터 3년을 품에 안고 놓지 않은 사랑을 받았을 텐데!"라고 말하였다. [62]

율곡 이이는 16세(1551년)에 어머니 장례 후 3년간 묘지 옆에 초막을 짓고 부모님이 살아 계실 때와 마찬가지로 모시는 시묘 생활을 하였다. 시묘살이 중 건강이 악화되는 경우도 있는 등 부작용이 있었지만, 조선 시대 사대부에게 행해진 것은 공자 제자들이 행했던 유교적인 전통 관습이라고 할 수 있다.

율곡 이이(李珥)가 『격몽요결(擊蒙要訣)』에서 "장례 후에 반혼하는 일이 많은데, 이는 정말 바른 예이다. 다만, 세속 사람들이 잘못 본떠 여묘하는 풍속을 폐하되, 반혼 후에는 각기 제집으로 돌아와 처자와 한데 거처하면서 예법을 크게 무너뜨리니 심히 한심하다. 무릇 어버이상을 당한 이는 스스로 헤아려 보아 일일이 예를 따라 조금이라도 부족함이 없어야 할 것이니, 마땅히 예에 따라 반혼하고, 혹시라도 그렇지 못하면 옛 풍속에 따라 여묘살이를 하는 것이 옳다."라고 한 것이 전부이다.

이 내용에 의하면, 이황과 이이는 원칙적으로 반혼을 바른 예라고 규정하면서도, 만약에 반혼의 효를 다하지 못할 바에야 시묘살이를 해도 된다는 입장을 나타내고 있다. 실제적으로 행해지고 있는 시묘살이 풍속을 현실로 인정하는 태도를 보인다. 상중에는 관직 생활을 하지 못하는 등 제약이 많았는데, 부득이하게 사회 활동이나 경제 활동을 함께하는 경우도 있었지만, 일반적으로 철저하게 절제하는 생활을 하였다.

〈무브 투 헤븐: 나는 유품정리사입니다〉라는 드라마가 있다. '유품정리사'는 세상을 떠난 고인들의 유품을 정리하는 일을 하는 사람들을 말한다. 세상을 떠난 이들의 마지막 이사를 도우며 그들이 미처 전하지 못했던 이야기를 남은 이들에게 대신 전달하는 과정을 그리고 있다.

아스퍼거 증후군[63]을 앓고 있는 소년은 유품정리사인 아버지의 일을 도우며 살아간다. 소년의 아버지는 사망한 사람들의 유품에는 생전의 모습과 삶이 깃들어 있으므로, 작은 흔적 하나라도 세심히 챙겨야 한다고 하면서 아들과 함께 유품 정리 업체인 '무브 투 헤븐'을 운영하며 지낸다. 그러던 어느 날 아버지가 갑자기 세상을 떠나는데, 삼촌의 존재조차 몰랐던 소년에게 삼촌이 법적 후견인으로 나타난다.

삼촌은 함께 유품을 정리하는 일들이 내키지는 않지만, 소년과 함께 사망한 이의 혈흔과 체액, 벌레와 쓰레기들로 더럽혀진 장소를 깨끗하게 치우면서 사회로부터 소외받고 배척되어 온 그들의 삶을 돌아본다. 사망한 이의 가족조차도 불결하다며 하기 싫어하는 일들을, 그들은 의뢰받은 그 공간들을 그 누구보다 청결하고 소중하게 치우는 일에 성심성의껏 최선을 다한다. 생면부지 사람들의 죽음 뒤에 남겨진 유품을 정리하면서 고인의 삶을 애도하는 모습이 오늘날 죽음을 애도하는 또 다른 방식인 듯하다.

직장 동료나 지인의 가족 등의 부고를 들으면 장례식장에 가서 애도의 마음을 표현하곤 했다. 그러나 코로나19 시대에 부고를 전하는 풍경에는 "코로나19로 인해 가족장으로 장례를 모시고자 한다. 조문은 정중히 거절하며, 마음으로 고인의 명복을 빌어 달라."는 메시지가 온다.

가족이 코로나19 바이러스에 감염되어 사망할 경우, 얼굴도 보지 못한 채 임종을 맞이하고 유족들은 망연자실 유리창 너머로 바라볼 뿐이다. 슬픔을 나눌 시간조차 갖지 못한 채, 우리는 코로나19에 감염되어 다른 사람들에게 전파할까 봐 자연스럽게 망자와도 거리 두기를 하고 만다. '선(先)화장 후(後)장례' 원칙에 따라 유족들은 화장 후 전달된 유골함을 품에 안고 오열하곤 한다.

공자는 "부모님께서 살아 계실 때는 예(禮)로써 섬기고, 돌아가시면 예에 맞게 장례와 제사를 어기지 않는 것"이 효라고 하였다. 그는 효란 적절한 때에 부모님께 적절한 감사의 마음을 가지고, 적절한 방식으로 적절한 음식을 적절하게 올리는 인간만의 고유한 의식행위라고 보았다.[64] 요즘 우리는 매일 코로나 희생자의 숫자를 통해 죽은 이들의 소식을 듣거나 문자를 통해 알게 된다. 코로나 희생자를 숫자나 문자로 알게 되기보다는 그들의 죽음을 애도하는 것이 인(仁)과 함께 인간의 본질을 이루는 것이면서 또한 인간다운 방법일 것이다.

생각 더하기

1. 과거의 장례 문화와 오늘날의 장례 문화를 비교해 보세요.

전통 상장례

오늘날 상장례

2. 웰빙과 웰다잉에 대해 토론하고, 웰빙과 웰다잉을 위한 자신만의
   방법을 구체적인 예를 들어 설명해 보세요.

우리 모두는 죽는다. 우리 목표는 영원히 사는 것이 아니라, 영원할 무엇인
가를 만들어 내는 것이다.

- 미국의 소설가 척 팔라닉(Chuck Palahniuk, 1962~)

주요 개념 이해하기

📌 웰다잉(Well-Dying)과 죽음학

웰다잉(Well-Dying)이란 인간으로서의 품위를 지키면서 존엄하게 삶을
마무리하는 것을 의미하며, 웰빙(Well-Being)[65]의 상대적 개념으로 웰엔
딩(Well-Ending)이라고도 한다. 의료학적으로 희망 없는 연명 치료를 위
한 의료 행위의 중단 및 호스피스 치료 등과 일상에서 죽음에 대해 성찰
하고 준비하는 동시에 현재를 소중히 여기며 살아가는 과정 전반을 의미
한다. 일반적으로 웰다잉을 웰빙의 범주에 포함시키기도 한다. 특히 노
년기에는 죽음의 질이 확보된 상태인 웰다잉이 웰빙의 주요 구성요소가
된다. 삶의 일부로서 죽음을 연구하는 기관으로 미국의 비영리단체 세계
웰니스협회(Global Wellness Institute)와 한림대학교 생사학연구소[66]가 있다.

📌 조력존엄사

　조력 존엄사란 환자가 의료진으로부터 약물을 처방받아 스스로 삶을 마감하는 것으로, '의사조력자살'이라고도 한다.[67] 의미 없는 생명 연장 치료를 중단하는 존엄사나 회복 불가능한 불치병 환자를 죽음에 이르게 해 주는 안락사와는 다르다. 안락사는 죽음에 이르게 하는 방법에 따라 두 가지로 나눈다. 환자의 삶을 단축시킬 것을 의도하여 의료진이 약물 등을 직접 주입하면 적극적 안락사이고, 죽음의 진행 과정을 일시적으로 늦추거나 연명할 수 있는 치료를 중지하여 죽음에 이르게 하는 경우는 소극적 안락사이다. 적극적 안락사가 합법인 대표적인 국가는 벨기에, 캐나다, 룩셈부르크, 네덜란드, 뉴질랜드, 스페인, 콜롬비아 등이다.

　스위스는 적극적 안락사보다 '조력존엄사'를 인정하는 국가[68]에 해당되는 데, 조력조에서는 환자가 주체가 된다. 약물 처방이나 주사 등은 의료진에게 받지만 그것을 먹거나 몸에 주사하는 것은 환자 자신으로 본인의 의지와 판단이 매우 중요하다. 스위스는 조력존엄사가 가능하도록 돕는 업체가 9곳 정도가 있는데 그중에 외국인을 받아 주는 곳도 있다. 조력존엄사의 조건은 맑은 정신으로 지속적으로 존엄사가 본인의 의지임을 밝혀야 하고, 조력 업체들은 본인의 의사와 아울러 외부 압력은 없는지 심사해야 한다. 조력존엄사를 합법적으로 운영하는 일부 유럽 국가들과 미국, 호주의 몇몇 주에서는 '극심한 고통을 동반한 불치병' 같은 조건이어야 조력존엄사가 가능하다. 그러나 스위스[69]에서는 불치병으로 고통받지 않아도, 의사와 상담을 하지 않아도, 개인의 의지 하나만으로 죽음을 선택[70]할 수 있으며, 외국인도 가능하다.

■ 상(喪)과 장(葬)

사람이 죽은 것[喪]과 죽은 사람을 모시는 것[葬]으로 상제(喪制)에 포
함되던 장례(葬禮)가 상례(喪禮)까지를 아우른다.

■ 상장례(喪葬禮)

사람이 죽은 때로부터 장사를 지내고 상복을 입은 채 일정 기간 근실
할 때까지 행해지는 의례로, 일반적으로 부모가 사망할 때 치르는 의식
과 절차를 말한다.

■ 삼년상(三年喪)

자식이 태어나서 3년이 되어야만 부모의 품을 떠날 수 있듯, 부모가
돌아가신 이후 3년 동안 살아 계신 부모를 모시듯이 하여, 낳아주시고
키워 주신 부모에 대한 보은과 효도를 다하는 것을 말한다.

■ 시묘(侍墓)살이

부모님이 돌아가셨을 때 자식이 탈상을 할 때까지 3년 동안 묘소 근처
에 움집을 짓고 산소를 돌보고 공양을 드리는 일이다.

■ 삼례(三禮)

주례, 의례(儀禮), 가례(家禮)

- 주례(周禮): 주나라 국가 관직과 전국 시기 각국의 제도를 기록한 책
  이다.
- 의례(儀禮): 원래 예로 불렸는데 이후 삼례로 일컬어지면서 의례라
  칭하는 데 주나라 국가 의례를 비롯하여 사회 의례의 절차를 자세히

서술하고 있다. 조선 초기에 완성된『국조오례의(國朝五禮儀)』는 제사에 관한 길례(吉禮), 본국(本國) 및 이웃나라의 국상(國喪)이나 국장(國葬)에 관한 흉례(凶禮), 출정(出征) 및 반사(班師)에 관한 군례(軍禮), 국빈(國賓)을 맞이하고 보내는 빈례(賓禮), 즉위 · 책봉 · 국혼(國婚) · 사연(賜宴) · 노부(鹵簿) 등에 관한 가례(嘉禮) 등을 규정하고 있다.

- 가례(家禮) : 가정의 관혼상제(冠婚喪祭)에 대한 예법으로, 국가의 통치를 위해 필요한 주례, 의례와 구별된다. 주나라 이후 많은 학자가 가례를 저술하였는데, 송나라 때에 주자가 이를『주자가례(朱子家禮)』의 사례(四禮)로 집대성하였다. 조선 시대에는 나라의 예법과 가례를 존중하는 사상이 강조되었는데, 이것이 당쟁과 관련되어 현종과 숙종 때 남인(南人)과 서인(西人) 사이에서 '예송(禮訟)' 논쟁을 초래하였다.

📌 장례 방법

매장(埋葬)과 화장(火葬), 천장/조장, 풍장, 수목장, 분묘, 묘지(墓地), 납골당(納骨堂), 공원묘지(公園墓地)/묘원(墓園)

- 매장: 이란 시신이나 유골을 땅에 묻어 장사하는 것.
- 화장: 시신이나 유골을 불에 태워 장사하는 것.
- 천장/조장: 티베트의 보편적인 장례 방식으로, 사람이 사망한 지 4일째 되는 날 시신을 천장장으로 옮긴다. 육신을 독수리에게 바치므로 조장이라고도 한다.
- 풍장: 시신을 매장하거나 화장하지 않고 초원 한가운데 그대로 갖다 놓고 바람에 맡겨 한평생 자연에서 살아온 시신을 자연스럽게 자연

의 한 부분으로 돌아가게 하는 장례 풍습.

- **수목장**: 화장한 유골의 골분(骨粉)을 수목·화초·잔디 등의 밑이나 주변에 묻어 장사하는 것.
- **분묘** : 시신이나 유골을 매장한 시설.
- **묘지** : 분묘를 설치한 구역.
- **납골당**: 시체를 화장하여 유골을 담아 저장하는 건축법에 규정한 건축물인 납골시설.
- **공원묘지/묘원**: 공원으로서의 기능을 갖게 하고, 시민의 휴양·산책에도 적합하도록 계획된 묘지.

📌 **조선 시대 예송(禮訟) 논쟁**

현종과 숙종 때, 효종과 효종비의 죽음을 계기로 인조의 계비이자 현종의 어머니 조대비의 상례(喪禮) 문제를 둘러싸고 남인과 서인이 대립한 사건으로, 주자 정통주의를 주장하는 서인과 국왕 전제권을 인정하려는 남인 사이에 일어난 논쟁이다.

- **1차 예송**: 1659년 효종이 죽자 인조의 계비인 조대비의 복상에 대해서 서인은 기년(朞年, 만 1년)으로 한 데 반해 남인은 효종은 왕위를 계승했기 때문에 장자(長子)로 간주해서 3년(만 2년)으로 해야 한다고 주장하였다. 송시열 등 서인은 효종은 인조의 둘째 왕자이므로 장자의 예로 할 수 없다고 반박하였고, 결국 서인의 주장이 받아들여졌다.
- **2차 예송**: 1674년(현종 15) 효종의 비가 죽자, 다시 조대비의 복상 문제에 대해 논쟁이 일었는데, 당시 집권층인 남인은 기년으로 정한 데 비해, 서인은 대공(大功, 9개월)설을 주장했으나 남인의 주장

이 받아들여졌다.

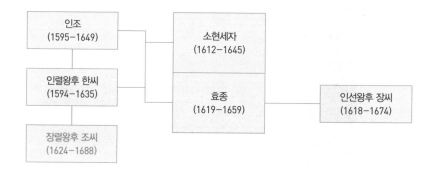

1차: 기해예송(1659)	2차: 기해예송(1674)
효종 사망 때 복상 기간	**효종의 비 사망 때 복상 기간**
• 서인: 1년(적장자 아닌 차남으로 간주) • 남인: 3년(임금이 되었으므로 적장자로 간주)	• 서인: 9개월(차남의 부인) • 남인: 1년(적장자의 부인)
→ 서인 승리	→ 남인 승리

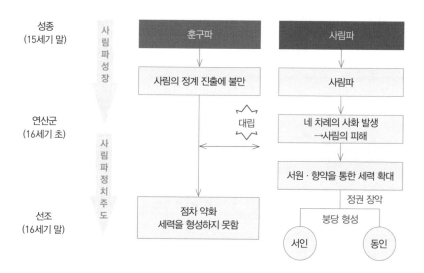

【 붕당 계보도 】

선조	붕당정치	동인↔서인	• 사림→동인과 서인 분화(1575) • 동인→남인과 북인 분화(1591)
광해군		북인 집권	• 북인 정권 장악(1608)
인조		서인 집권 남인 참여	• 서인 정권 장악(1623)
현종		서인↔남인	• 1차 예송(1659) • 서인 우세(기해예송) • 2차 예송(1674) • 서남인 우세(갑인예송)
숙종	붕당정치의 변질	일당전제화 노론↔소론	• 경신환국(1680) • 기사환국(1689) • 갑술환국(1694)
영조	탕평정치	노론 집권 소론 참여	• 탕평책 시작(1728)
정조			• 탕평책 실시 • 노론→시파와 벽파로 분화
순조	세도정치	노론 집권	• 권력 장악: 안동 김씨
헌종			• 권력 장악: 풍양 조씨
철종			• 권력 장악: 안동 김씨

경신환국(1680)	기사환국(1689)	갑술환국(1694)
서인이 남인을 역모로 몰아 축출	원자를 정하는 문제를 계기로 남인이 서인 축출	숙종이 인현왕후 복위에 반대한 남인 축출
서인 집권	남인 집권	서인 집권

더 읽기 자료

초상을 치르는 것은 한결같이 주문공(朱文公: 朱子)의 가례를 따라야
한다. 만일 의심스럽거나 모르는 곳이 있거든, 예를 잘 아시는 선생이나
어른에게 질문하여 그 예를 다하는 것이 옳다.

喪制 當一依朱文公家禮 若有疑晦處 則質問于先生長者識禮處 必盡其
禮 可也.

챗GPT에게 묻기

📌 질문

부모나 조부모의 죽음은 가족 구성원 모두에게 엄청난 슬픔을 느끼게
합니다. 어떤 장례 절차가 현대 사회에 가장 적합할까요?

📌 답변

문화적 · 개인적 선호도가 매우 다양하기 때문에 모든 가족의 필요에
맞는 단 하나의 '최고의' 장례 절차는 없습니다. 그러나 다음을 포함하여
현대 사회에서 일반적으로 사용되는 몇 가지 장례식 옵션이 있습니다.

- 전통 장례식: 이것은 일반적으로 방문, 장례식 및 매장을 포함하는
  공식적이고 구조적인 장례식입니다. 보통 장례식장이나 예배 장소
  에서 거행되며 고인과 그 가족의 문화적 또는 종교적 전통을 반영
  하도록 맞춤화할 수 있습니다.
- 화장: 이 과정에는 고인의 시신을 불태워 재로 만든 다음 항아리에
  넣거나 가족이 선택한 장소에 흩뿌립니다. 화장은 가족과 친구들이
  모여 고인을 기억하고 기리는 추도식과 결합될 수 있습니다.
- 녹색 매장: 이 옵션은 생분해성 관이나 수의를 사용하고 방부 처리
  화학 물질의 사용을 피하는 등 환경 친화적인 방식으로 고인을 매

장하는 것을 포함합니다. 목표는 지속 가능하고 존중하는 방식으로 몸을 지구로 되돌리는 것입니다.

- 직접 매장: 이 옵션은 공식적인 장례식이나 방문 없이 고인을 즉시 매장하는 것을 포함합니다. 이것은 종종 장례식 준비에 대한 단순하고 절제된 접근 방식을 선호하는 가족들이 선택합니다.
- 가정 장례식: 이 옵션은 장례식장이 아닌 집에서 고인을 돌보는 것을 포함합니다. 여기에는 몸을 목욕하고 옷을 입히고 집에서 깨어나 철야 기도를 하는 것이 포함될 수 있습니다. 이 옵션은 장례 절차를 더 잘 통제하고 사랑하는 사람의 몸을 돌보는 것이 의미 있고 치유적인 경험이라고 느끼기를 원하는 가족들 사이에서 인기가 높아지고 있습니다.

궁극적으로 최고의 장례 절차는 고인과 유가족의 바람과 가치관을 반영하는 것입니다. 장례를 준비할 때 문화적, 종교적 전통, 개인적 신념, 예산을 고려하는 것이 중요합니다. 장의사는 이 어려운 시기에 가족을 안내하고 지원을 제공하는 데 도움이 되는 자원이 될 수 있습니다.

고교학점제를 위한 인문학과 윤리

7장

제례(祭禮)

: 사랑하고 공경하는 데 마음을 다한다

무릇 제사를 지내는 일은 사랑하고 공경하는 마음을 다하는 것이 중요하다. 가정 사정이 어려우면 형편에 맞춰 지내고, 우환이 있으면 감당할 수 있는 정도를 헤아려 치르되, 재물과 능력이 가능하다면 예법을 따르는 것이 마땅하다.

凡祭 主於盡愛敬之誠而已 貧則稱家之有無 疾則量筋力而行之 財力可及者 自當如儀.

애경지성(愛敬之誠)

생각과 말과 행동이 일치하기는 어렵다. 사람들은 지나간 일을 기억 속에 간직하지만 현재의 일에 우선권을 부여한다. 오늘의 나를 만들어 준 사람들에 대한 고마운 마음이 쉽게 흐릿해지는 이유일 것이다.

세상을 달리한 사람을 기억하며 슬퍼하는 것이 추도이고 추모이다. 특히 그 대상이 가족일 경우에는 생각과 감정이 남다르다. 좋은 인품과 공적이 있는 사람이 아니더라도 함께했다는 인연만으로도 강한 그리움이 밀려올 수 있다.

호주제가 폐지되고 '가장'이라는 말을 사용하기 어렵게 되었다. 이제 남아선호는 물론이고 남성중심주의는 낡은 관념이다. 조상을 추모하는 정신은 남아 있으나 절차는 유교식, 불교식, 서구식 등으로 다양해졌다.

기제, 차례, 시제와 같은 용어들 중에서 일반인들에게 차례라는 말 정도만 일상 언어로 사용 빈도가 높다. 차례조차도 간소화되어 본래의 의미인 차를 올리는 추모의 의식으로 되돌아가는 모습이다.

형식이 다양해지고 절차가 간소해진다 할지라도 담겨진 마음이 정성스럽다면 더욱 가치가 있을지 모른다. 문제는 감사와 보은의 정신조차도 희미해지는 것이다. 가족 간의 관계조차 계약 개념으로 이해하는 모습이다.

바쁘게 돌아가는 세상에서 대부분의 절차는 간소화된다. 대가족이 소가족이 되고, 소가족이 1인 세대가 되었다. 사촌 간의 만남조차도 쉽지가 않다. 노동과 여가는 가족 중심으로부터 점점 멀어진다.

정보화되고 세계화된 세상, 그리고 저출산과 고령화로 특징지어지는 한국 사회에서 기성세대의 문화보다 청년문화가 주류이다. 사회화보다는 역사회화나 반성적 사회화가 주도하는 사회가 되었다.

명절 연휴는 여가를 위한 여행 기간이 되었다. 차례조차도 화상을 통해 원격으로 진행한다. 전통적인 제례가 과도한 형식주의에 흘렀다고 비판받기도 했으나 신세대의 새로운 전통도 추모의 내용과 형식이 분리된 또 다른 모습이다.

생각 열기

명절에 차례를 지내는 것은 새로운 해가 시작되는 의미와 한 해 농사를 무사히 지었음을 알리는 일종의 의식이다. 따라서 기제사와는 달리

설날과 추석에는 제사를 지낸다고 하지 않고 예를 올린다고 한다.[71] 전통을 지키는 종가의 명절 차례상은 과일과 포 등만 간단하게 차리는 등 정성으로, 검소하게 지내기도 하였다. 퇴계 이황의 종가에서도 '형식보다 슬퍼하는 마음이 앞서고, 사치스럽기보다는 검소하게', '털끝만큼도 남을 의식해서 지나치게 차리지 마라'고 했다.

제수는 제사음식을 말하는데, 제사상에 차리는 것을 '진설(陳設)'이라고 한다. 제사 음식의 종류와 차리는 방법은 각 가정마다 지방마다 차이가 있다. 제사상 차리는 것에 관련된 격언[72]으로는 붉은 과일은 동쪽에 흰 과일은 서쪽에 놓는다는 '홍동백서(紅東白西)', 대추 · 밤 · 배 · 감(곶감)의 순서대로 놓는다는 '조율이시(棗栗梨柿)' 등이 있지만, 일제강점기 이전 어떤 기록에도 홍동백서, 조율이시라는 단어는 없다.

제사상 차리는 방법은 각 지방마다 가정마다 다르기 때문에 준비한 음식에 따라서 달라질 수밖에 없으므로 상황에 맞게 지내면 될 것이다. 『세종오례의』에서 제사상 차림은 중국 측 자료를 참고하고, 조선에 맞는 '공식 제사상 차림'을 만들었는데, 과일 진설 순서를 정하는 것은 우리 방식이 아니다. 1778년 궁중 장례원의 진설도에는 과일 이름이 아예 없고 모든 과일을 '실과(實果, 과일)'라고 적었다. 종류나 순서는 없다. 일제강점기를 거쳐 산업사회가 되면서 정확한 제사의 방식을 모르는 경우도 많고 1969년 가정의례준칙이 발표되었다. 설날과 추석은 우리 민족 최대의 명절로 기제사와 차례상이 섞여 각 지역이나 가정마다 다르게 지내고 있다.

차례상 표준 적용   경북 안동 퇴계 이황 종가 설 차례상

생각 더하기

1. 퇴계 이황 종갓집의 설 차례상에는 5가지 음식만 올렸다고 합니다.
제사나 차례의 의미에 대해 이야기해 보세요.

경북 안동 퇴계 이황 종가 설 차례상(한국국학진흥원 제공)[74]

머리 썩이며 고급 침상과 식탁에 있는 것보다 편안하게 싸구려 침대에 누워 있는 것이 낫다.

　　　　　　　　　　　　　　　　　　　　－ 고대 그리스 철학자 에피쿠로스(Epikuros, B.C. 341~B.C. 270)

주요 개념 이해하기

 기일(忌日)

고인이 사망한 날, 음주 가무 등을 꺼리[忌]는 날[日]이란 뜻.

📌 추모(追慕)

고인을 기리고 생각하는 것을 뜻한다.

■ 불교의 재(齋)와 제사(祭祀)

1) 재(齋): 부처를 대상으로 하는 의식으로 영가(靈駕)의 명복을 빌기 위해 부처님께 공물을 올려 예불을 하는데, 미련 없이 이승을 떠나 왕생극락하라는 의미가 담겨 있다. 불교에서 행하는 재(齋)에는 사십구재(사후 49일째 행하는 재), 천도재(영가를 극락으로 인도), 영산재(영혼 천도), 우란분재(사후에 고통받는 자 구원), 수륙재(물과 육지에서 헤매는 영혼 위로), 예수재(생전·사후를 위한 공덕 쌓는 재)가 있다.

2) 제사(祭祀): 영가(靈駕)를 대상으로 하는 의식으로 가족 및 후손들이 모여 영가의 넋을 기리는 행위이다. 매년 돌아가신 날에 지내는 기제, 산소를 찾아 지내는 묘제, 매년 절기에 따라 지내는 시제, 명절날에 지내는 차례 등이 있다.

■ 미사: 가톨릭 신앙생활의 중심을 이루는 종교의식으로, 하느님에게 드리는 제사이며, 영신(靈神)의 양식(糧食)이라고 한다. 원래 미사는 라틴어로 행하였으나 1965년(제2차 바티칸 공의회) 이후부터는 대부분의 교회가 각각 자국어로써 행하고 있다. 미사 의식을 통하여 그리스도의 몸과 피를 받는 의식인 영성체(領聖體)를 함으로써 그리스도와 일치되고, 나아가 그리스도의 사랑과 봉사를 실천하도록 하는 데에 미사의 참된 의의가 있다.

📌 제사(祭祀)

신령이나 조상에게 음식을 바치고 추모·기원하는 의식.

고교학점제를 위한 인문학과 윤리

📌 차례(茶禮)

다례(茶禮)의 변용으로, 명절·절기에 지내는 제사 의식을 말한다. '차사(茶祀)' 또는 '절사(節祀)'라고도 한다.

📌 원래의 다례

차(茶)를 행할 때의 예의범절.

오늘날 다례: 궁중이나 불교의 다(茶) 의식을 한정적으로 가리킨다.

📌 墓(묘)와 廟(묘)

- 묘(墓): 죽은 사람을 매장한 묘지/무덤.
- 묘(廟): 조상/고인의 위패를 모신 사당(祠堂)/사우(祠宇).

📌 공림(孔林)과 공묘(孔廟)

- 공림(孔林) : 공자와 후손들의 무덤이 있는 정원식 숲.
- 공묘(孔廟) : 공자의 위패/신주를 모시고 제사 지내는 사당, 문묘(文廟)라고도 한다. 당나라 때 공자를 문선왕으로 추봉했다.

📌 위패(位牌)

죽은 사람을 대신하는[位] 상징성을 갖는 나무 조각[牌]. '신주(神主)', '목주(木主)'라고도 한다.

📌 제례(祭禮)

죽은 사람을 추모하는 의식으로, 조상 숭배 의례인 제사와 차례를 말하는 데, 둘 다 돌아가신 조상을 기리기 위한 것이다. 원래 제사는 조상과 함께 하늘의 신(神)이나 산신(山神), 용왕과 같은 수호신에게도 지냈지만 조선 시대 이후 조상에 대한 제사가 중요하게 되었으며, 수호신에게 지내는 풍어제와 산신제 같은 마을 제사의 형태로 지내고 있다.

1) 제사의 종류
  - 기제사: 조상이 돌아가신 날에 지내는 의식.
  - 차례: 설이나 추석 등의 명절에 지내는 의식으로 기제사와는 달리 4대조 전체를 대상으로 하는 의식.

2) 제사상에 올리는 음식

기제사에는 밥과 국을 올리지만 차례상에는 밥과 국 대신 설에는 떡국을, 추석에는 송편과 같은 음식을 올린다. 음식의 종류는 지역이나 집안에 따라 조금씩 다르며, 제사상에 음식을 놓을 때는 홀수로 놓는다. 과일이나 생선은 제철 과일을 쓰되 제사상에 올리지 않는 과일[75]도 있다.

더 읽기 자료

상례와 제례 두 예는 자식이 정성을 다해야 하는 가장 중요한 일이다. 이미 돌아가신 부모는 뒤쫓아 가서 부양할 수 없을 것이니, 상례를 치를 때 그 예를 다하지 못하고 제례를 치를 때 그 정성을 다하지 못한다면, 평생토록 남는 비통함은 기댈 곳이 없고 다할 때가 없을 것이다.

喪祭二禮 最是人子致誠處也 已沒之親 不可追養 若非喪盡其禮, 祭盡其誠 則終天之痛 無事可寓 無時可洩也.

고교학점제를 위한 인문학과 윤리

📌 질문

제사나 차례를 지내는 일은 자기의 문화적 생물학적 뿌리를 되새기는 일과 관련이 있습니다. 현대 사회에서도 이러한 일은 가치가 있을까요?

📌 답변

가치가 있습니다. 의식이나 추도식은 현대 사회에서도 자신의 문화적·생물학적 뿌리를 반영하는 귀중한 방법이 될 수 있습니다. 이러한 의식은 개인과 지역 사회 모두에게 중요할 수 있는 자신의 유산 및 조상과의 유대감을 제공할 수 있습니다.

의식과 추도식은 사람들이 슬픔과 상실을 처리하고, 삶의 중요한 이정표 또는 전환을 축하하고, 지역 사회 내에서 사회적 연결을 강화하는 데 도움이 될 수 있습니다. 그들은 또한 한 세대에서 다음 세대로 문화적 전통과 가치를 전달하는 방법의 역할을 할 수 있습니다.

사람들이 자신의 뿌리와 서로 단절된 느낌을 자주 받는 현대 사회에서 의식과 추도식에 참여하는 것은 유대감과 의미를 재정립하는 방법이 될 수 있습니다. 이러한 관행은 사람들이 자신의 정체성에 더욱 기반을 두고 뿌리를 내리는 데 도움이 될 수 있으며 급변하는 세상에서 연속성과 안정감을 제공할 수 있습니다.

전반적으로 특정 형태의 의식 및 추도식은 시간이 지남에 따라 진화할 수 있지만, 우리의 문화적·생물학적 뿌리에 연결하려는 인간의 근본적인 욕구는 현대 사회에서도 계속 관련이 있을 것입니다.

📌 챗GPT 답변에 대해 자신의 의견 제시하기

고교학점제를 위한 인문학과 윤리

8장

거가(居家)
: 온 마음을 담아 진실하게 설득한다

형제와 자매가 좋지 못한 행실을 저지르면, 온 마음을 담아 진실하게 설득하여, 점차 도리를 깨닫고 이해하기를 기약해야 한다. 갑자기 화난 얼굴을 하고 거슬리는 말을 하여 형제자매 간의 화합을 잃어서는 안 된다.

兄弟 若有不善之行 則當積誠忠諫 漸喩以理 期於感悟 不可遽加
厲色拂言 以失其和也.

적성충간(積誠忠諫)

결혼하고 부부가 가정생활을 하며 어떤 역할을 분담할 것인가 고민한다. 전업주부보다 맞벌이인 경우가 많아졌다. 식사 준비, 세탁, 청소와 같은 집안일을 부부가 분담한다. 수입과 지출 관리의 관행도 예전과 다르다.

전통적인 자녀 교육 원칙은 엄부자모(嚴父慈母)였다. 부친은 엄격하고 모친은 자애로운 모습으로 자녀 교육을 해나가는 것이다. 자녀 입장에서 부모의 일관성 없는 행위는 혼란을 일으킨다. 어느 장단에 맞추어야 할지를 모르게 되기 때문이다.

형제자매 관계는 시대와 사회에 따라 다르다. 남녀의 역할을 구별하는 문화와 그렇지 않은 문화, 형제자매 간 경쟁을 중시하는 문화와 협동을 중시하는 문화가 다르다. 경쟁을 통한 협동, 협동을 통한 경쟁 관계도 찾아볼 수 있다.

결혼 적령기도 시대마다 사회마다 차이가 있다. 어린 나이에 혼인을 하는 조혼 풍습이 있던 시대가 있었고, 늦은 나이에 결혼하는 만혼을 당연시하는 사회도 있다. 이런 차이는 경제적 이유나 사회문화적 이유로 말미암아 생겨난다.

경제적으로 가난한 국가에서 의식주 생활에 절약하고 절제하는 삶은 불가피하다. 어느 정도 경제 성장이 이루어져 형편이 나아지면 더 좋은 주거, 더 나은 식재료, 더 다채로운 복식 등이 가능해진다.

청빈, 절제, 절약 정신은 남아 있지만 합리적인 소비 생활을 하는 것이 바람직하다는 생각도 하게 된다. 인색한 생활, 낭비하는 생활은 피해야 하지만 자기 분수에 맞는 합리적인 소비 생활은 국가와 사회 발전에 기여한다.

가정생활과 사회생활 중에서 어느 쪽에 우선권을 두어야 할까? 사람마다 다르다. 양쪽이 조화를 이루면 좋겠지만, 불가피하게 어느 한쪽을 선택해야 한다면 어찌해야 할까? 공익과 사익을 조화시키는 일은 결코 쉽지가 않다.

생각 열기

"남자애가 울기는 왜 울어?! 남자는 평생 3번만 울어야 해.", "여자애가 목청이 저렇게 커서야….", "남자가 부엌에 들어가면 안 된다.", "분홍 옷을 입은 걸 보니 여자아이인가 봐요?!", "사내아이가 인형을 가지고 놀다니!" 등 무심코 하는 말들은 여성과 남성에 대한 편견을 담고 있다. 여성과 남성 간 성 차이를 인정하고 성 불평등으로부터 야기된 차별과 억압을 극복해야 양성평등이 실현된다.

양성평등(兩性平等, gender equality)이란 남녀의 성별에 의해 차별 대우를 받지 않는, 즉 남녀가 동등한 사회적 조건과 지위, 권리, 의무를 갖는 것이라고 정의하고 있다. 성평등(性平等, Gender Equality)이란 성(性)과 관계없이 모든 인간이 사회적 자원과 기회 전반에 손쉽게 접근할 수 있으며 동등하게 평가되고 공정하게 대우받는 상태를 말한다.[76] 양성평등 또는 성평등 그리고 젠더 평등은 성(性)과 관계없이 모든 인간이 사회적 자원과 기회 전반에 손쉽게 접근할 수 있으며 동등하게 평가되고 공정하게 대우받는 상태를 의미한다.

2022 개정 교육과정 도덕과 개정 시안에 대한 공청회에서 '성 관련 용어 및 문구' 개정 요구가 있었다고 한다. 도덕과에서는 '양성' 대신 '성'이라고 함은 남성·여성의 생물학적 성 외에 제3의 성도 포함하기 때문에 가치를 지향하는 도덕 교과의 특성을 고려하여 '성평등' 용어를 사용하고자 하였다. 그러나 보수 단체에서 이념 교육, 페미 교육, 동성애 옹호 교육을 반대하며 '성평등'을 '양성평등'으로 개정해야 한다고 요구하면서 공청회는 아수라장이 되었다.[77]

그렇다면 왜 보수단체는 '성평등'을 '양성평등'으로 바꿀 것을 요구하는가? 그들은 남성과 여성 등 '양성'만을 표기해야 하는데 '성평등'이라고 표기하는 것은 '제3의 성'과 '동성애'를 인정하는 것이라고 주장하는 것이다. 따라서 교육부는 고등학교 통합사회 성취기준 해설에 '성 소수자'를 '성별 등으로 차별받는 소수자'라고 수정하고, 도덕에서 '성평등'이라는 용어를 '성에 대한 편견'으로 바꾸어 반영한다고 발표하였다.[78] 그러나 다른 입장에서는 이러한 발표에 "특정 집단의 의견에 의해 정부 입맛대로 교육과정이 수정됐으며, 교육부는 다양한 의견을 듣겠다는 취지와 달리 교육과정을 퇴행시켰다."고 비판하였다.

1. 과거에는 결혼을 하면 대체로 경제권을 남편이 갖거나 아니면 부인
   이 갖는 등 어느 한쪽이 관리하였습니다. 오늘날 부부 중 누가 경
   제권을 가져야 하는지 이야기해 보세요.
2. 성인이 된 자녀의 수입을 부모가 관리하거나 세뱃돈 등 미성년자의
   용돈을 부모가 관리하는 것에 대해 여러분은 어떤 생각을 갖고 있
   나요?
3. 여러분은 'Gender Equality'에 대해 어떻게 생각하나요?

지혜로운 사람은 진실하고, 마음이 따뜻한 사람은 아름답다.

– 독일의 시인 · 극작가 프리드리히 폰 실러(Friedrich von Schiller, 1759~1805)

📌 형제자매(兄弟姉妹)와 동기(同氣)

같은 부모에게서 난 형제자매로 친동기(親同氣), 한동기(-同氣)라고도
하는데, 양쪽 부모 모두가 같거나 한쪽 부모가 같은 경우를 말한다. 혈
연이 아니더라도 부모의 재혼이나 입양 등으로 인하여 형제자매가 되기

도 한다. 남자 동기간을 형제(兄弟), 여자 동기간을 자매(姉妹), 남자와 여자 동기간을 남매(男妹), 손위 남자 형제와 손아래 여자 형제는 또한 오누이라고 구분하기도 하는데, 통틀어 형제자매라고도 한다.

📌 오전(五典)과 오륜(五倫)

- 오전: 가족 간에 존재하는 5가지 도리로 부의(父義), 모자(母慈), 자효(子孝), 형우(兄友), 제공(弟恭)을 의미한다. 아버지로서의 의로움[부의(父義)], 어머니로서의 자애로움[모자(母慈)], 자식으로서의 효성[자효(子孝)], 형으로서의 우애[형우(兄友)], 아우로서의 공경[제공(弟恭)]을 말하는 데, 이것은 혈연적 가족 관계에서의 각자 자기다움의 최상 상태를 지속하게 해 준다.

- 오륜: 오전(五典)에 의한 기본 덕목이 심화 발전된 것으로, 부자유친(父子有親), 군신유의(君臣有義), 부부유별(夫婦有別), 붕우유신(朋友有信), 장유유서(長幼有序)이다. 부모 자녀 간에서의 '친(親)'은 부모의 자애로움과 자녀의 효성스러움이, 장유(長幼) 간에서의 장(長)은 가족 관계의 형(兄)을 전제하는 경우이고, 유(幼)란 동생[弟]을 전제하며, '질서'는 형·동생 간 우애심과 공경심이 쌍무적으로 작용한 결과이다.[79]

📌 혼인과 인륜대사(人倫大事)

- 인륜대사: 인간이 살아가면서 치르게 되는 큰일로 '인륜지대사(人倫之大事)'라고도 한다. 인륜(人倫)이란 인간으로서 마땅히 지켜야 할 도리이고, 대사(大事)는 인간이 평생을 살면서 겪게 되는 큰일 또는 사건을 말한다. 그러므로 인륜대사는 인간의 일생에서 치르게 되는

큰 행사로서, 대체로 관혼상제(冠婚喪祭)를 인륜지대사로 여겼다. 관혼상제는 한 사람이 태어나서 죽을 때까지 살아가는 과정에서 거치는 중요한 통과의례로 각각 관(冠)은 성인식, 혼(婚)은 혼인, 상(喪)은 장례, 제(祭)는 제사를 의미한다.

- **혼인**: 성인이 부부관계를 맺는 행위 또는 부부관계에 있는 상태로 개인적으로 성적 · 심리적 · 경제적인 결합뿐만 아니라 사회의 기초적 구성단위인 가정 · 가족을 형성하는 단서가 되며, 또한 종족 보존의 중요 기능을 가진다.

📌 성년식: 계례, 관례

관례와 계례는 전통 사회에서의 성년식을 말하는 데, 가족뿐만 아니라 사회의 구성원으로서 자격 획득을 의미하는 행사이다. 남자는 관례(冠禮), 여자는 계례(笄禮)를 치르는 데, 남자는 상투를 짜고 여자는 쪽을 찐다. 관례는 보통 15~20세 때 행하며 전통사회에서 관례를 혼례보다 더 중요하게 생각하였고, 미혼이더라도 관례를 마치면 성인으로서의 대우를 받았다.

📌 통과의례, 일생의례

- **통과의례**: 사람의 일생에서 탄생, 명명, 성인, 결혼, 죽음 등 개인이 성장 과정과 함께 행하여지는 인생의례를 말한다.
- **일생의례**: 한 사람이 태어나 죽을 때까지 일생에 걸쳐 출생, 혼례, 회갑, 죽음 등 삶의 중요 마디가 되는 때에 거행하는 모든 의례이다. 인생의 중요한 마디에 의례를 행함으로써 사회적 성원으로 자리매김하고, 역할의 변화를 자연스레 인지하게 된다.

매우 나쁜 사람이 있어 그를 어리석고 못된 사람으로 여기고 있다면, 그가 보낸 선물을 설령 명분이 있어 받게 되었더라도, 마음은 편안하지 못할 것이다. 마음이 편안하지 못하면, 명분이 있는 선물이라도 편안하지 못한 마음을 억누르고 받아서는 안 된다. 맹자께서 말씀하시기를, "마땅히 하지 말아야 할 것을 하지 않고, 마땅히 바라지 말아야 하는 것을 바라지 않는다."라고 하셨으니, 이것이 바로 옳음을 행하는 법이다.

若是大段惡人心所鄙惡者 則其饋雖有名 受之 心必不安 心不安 則不可抑而受之也 孟子曰 無爲其所不爲 無欲其所不欲 此是行義之法也.

챗GPT에게 묻기

질문

공공의 이익과 사익의 조화는 어렵습니다. 가정생활이나 직장 생활 중 어느 한쪽을 고수해야 합니까? 가정생활과 직장 생활이 충돌할 때 어떻게 해야 할까요?

답변

공익과 사익의 균형을 맞추는 것은 어려울 수 있으며 직장 생활과 가정생활의 우선순위를 정하는 방법을 아는 것이 항상 쉬운 것은 아닙니다. 가정생활과 직장 생활이 충돌할 때 두 가지를 모두 만족시키는 해결책을 찾기가 특히 어려울 수 있습니다.

다음은 이 문제를 해결하려고 할 때 고려해야 할 몇 가지 사항입니다.

- **귀하의 가치와 우선순위 이해:** 결정을 내리기 전에 한 걸음 물러나 귀하에게 가장 중요한 것이 무엇인지 고려하는 것이 중요합니다. 귀하의 가치는 무엇이며 귀하의 우선순위에 어떻게 영향을 미칩니까? 자신에게 가장 중요한 것이 무엇인지 명확하게 이해하면 자신의 가치에 맞는 선택을 하기가 더 쉬워질 수 있습니다.
- **가족 및 직장 동료와 의사소통:** 자신의 우선순위와 직면한 문제에 대해 가족 및 직장 동료 모두에게 공개적이고 정직하게 의사소통하는 것이 중요합니다. 자신의 상황을 투명하게 공개함으로써 다른 사람들이 자신의 관점을 이해하고 함께 해결책을 찾도록 도울 수 있습니다.
- **창의적인 해결책 찾기:** 때로는 가정생활과 직장 생활의 균형을 맞출 수 있는 창의적인 해결책을 찾는 것이 가능합니다. 예를 들어 유연한 근무 시간이나 재택근무를 협상할 수 있거나 가족을 직장에 참여시키거나 그 반대의 방법을 찾을 수 있습니다.
- **지원 요청:** 필요할 때 도움을 요청해도 괜찮습니다. 치료사 또는 카운슬러의 지원을 구하거나 친구 및 가족 구성원에게 의존하여 책임을 다할 수 있도록 도움이 필요할 때 주저하지 말고 도움을 요청하십시오.

궁극적으로 공익과 사익의 균형에 관한 한 '정답'은 없습니다. 개인의 가치, 우선순위 및 상황에 따라 달라지는 개인적인 결정입니다. 자신에게 충실하고 필요할 때 지원을 구함으로써 가정생활과 직장 생활이 충돌할 때 발생하는 문제를 관리하는 방법을 찾을 수 있습니다.

📌 챗GPT 답변에 대해 자신의 의견 제시하기

고교학점제를 위한 인문학과 윤리

9장

접인(接人)
: 은혜를 베풀고 도움을 준다

항상 온화하고 공손하며 자애로운 태도로 다른 사람에 은혜를 베풀고 남의 일을 도우려는 마음을 지녀야 한다. 다른 사람을 해치고 남의 일을 그르치려는 마음은 털끝만큼도 가져서는 안 된다. 흔히들 사람은 자기 이로움을 위해 다른 사람과 남의 일을 해치므로, 배우는 사람은 이로움에 거리를 두어야 사랑을 배울 수 있다.

常以溫恭慈愛 惠人濟物爲心 若其侵人害物之事 則一毫不可留於心曲 凡人 欲利於己 必至侵害人物 故學者先絶利心然後 可以學仁矣.

핵심 키워드 혜인제물(惠人濟物)

　전통 사회에서는 혈연, 지연, 학연을 중시하였다. 오늘날 우리는 그러한 연고주의에 대해 부정적인 평가를 한다. 연고주의가 지배하는 사회에서는 대인관계에서 가까운 사람이냐 아니냐가 중요하다.

　계약 사회는 기본적으로 동등한 인격체 간의 거래를 바탕으로 운영된다. 특정인에 대한 특혜를 인정하지 않는다. 다만 사회 전체적으로 사회적 약자들에 대한 배려는 용납된다.

　하지만 낡은 전통의 유산은 여전히 남아 있다. 낯선 사람을 대하는 태도와 친근한 사람을 대하는 태도가 같을 수는 없다. 친구 간의 우정은 예전 같지는 않아도 소중한 대접을 받는다.

　지역감정은 사회 문제로 남아 있지만 고향이 같은 사람에 대한 감정은 날로 희박해진다. 고향 의식 자체가 약화되고 있기 때문이다. 신생아의 고향은 대개 도시에 있는 병원이다. 집에서 태어나는 아이들은 아주 드물다.

　사회적 이동성이 증가하여 한곳에 터 잡고 평생을 사는 사람도 드물어졌다. 많은 사람이 수십 번씩 이사를 경험한다. 더 좋은 주거 환경을 찾아 움직이기 때문이다.

연령, 지위, 업적 등에 따른 서열 의식도 예전 같지 않다. 창의성이 존중되는 사회에서 옛 전통을 지키는 것보다는 새로운 전통을 만들어 가는 일이 더 가치 있게 여겨진다. 한편 나눔과 배려라는 가치는 남아 있다.

공중도덕은 경범죄 처벌법 등으로 바뀌었다. 과거 도덕의 영역이었던 것이 법률의 영역으로 바뀐 것이다. 자동차와 인터넷으로 대표되는 교통통신의 발달은 이전에 없던 새로운 규범을 만들어 내었다.

비즈니스 매너나 국제 예절도 새로운 규범들이다. 해외여행이 폭증하면서 낯선 사람들 간의 인간관계가 중요해졌다. 진실성, 정직성, 투명성, 공지성과 같은 덕목이 힘을 발휘한다.

생각 열기

우리에게는 교직 생활에 있어 어려움이 있거나 공부가 막힐 때, 언제든지 조언을 구할 수 있는 스승님이 계시다. 일 년에 한 번은 꼭 스승님을 모시고 같이 공부한 동료들과 함께 대화의 시간을 갖는다. 스승님은 늘 만남을 주선하는 우리에게 고마움을 표시하나, 어쩔 때는 참석하지 않는 동료들의 소식을 더 궁금해하면서, 그들이 참석하지 않는 것에 대해 나한테 문제가 있는 양 농담조로 타박하신다. 가깝게 느껴져서 그러려니 하고 웃으면서 넘기를 여러 해, 며칠 전 모임에서도 그렇게 말씀하시기에 나는 서운함을 느꼈다. 스승님은 승진한 동료가 어떻게 그 자리에 갔는지 몹시 궁금했었나 보다. 그 친구가 가 있는 자리에 나도 같이 도전을 했었지만 아쉽게도 가지 못했던 상황을 미처 헤아리지 못했던 것 같았다. 이해는 하면서 못내 섭섭한 것은 무엇일까?

그다음 날 나의 기분을 헤아리셨는지, 『목민심서』의 한 부분을 보내 주셨다. 늘 모임을 주선하고 예약하고 빠지지 않고 참석한 사람보다는 어쩌다 참석한 사람에게 더 반가움을 표시하고 더 우대해 주는 것을 보면서 많은 생각을 하게 된다. 항상 옆에서 챙겨 주는 어머니에게 짜증 부리는 시간이 많거나 가족을 소홀히 대하지는 않았는지, 친구들이나 주변의 시선에 더 신경을 쓰지는 않았는지 다시 한번 되돌아보게 된다.

"멈추면 보이는 것이 참 많습니다."

"바람처럼 다가오는 시간을 선물처럼 받아들이면 가끔 힘들면 한숨 한 번 쉬고 하늘을 보세요."

"좋은 기억, 아름다운 추억만 기억하라는 것이랍니다."

"정신이 깜박거리는 것은, 살아온 세월을 다 기억하지 말라는 것이니, 지나온 세월을 다 기억하면 아마도 머리가 핑하고 돌아 버릴 거래요."

"머리가 하얗게 되는 것은, 멀리 있어도 나이 든 사람인 것을 알아보게 하기 위한 조물주의 배려랍니다."

"걸음걸이가 부자연스러운 것은, 매사에 조심하고 멀리 가지 말라는 것이지요."

"이가 시린 것은 연한 음식만 먹고 소화불량 없게 하려 함이고"

"귀가 잘 안 들리는 것은, 필요 없는 작은 말은 듣지 말고 필요한 큰 말만 들으라는 것이고"

"나이가 들면서 눈이 침침한 것은, 필요 없는 작은 것은 보지 말고 필요한 큰 것만 보라는 것이며"

"깊음은 사람을 감동케 하니 마음이 아름다운 자여! 그대 향기에 세상이 아름다워라."
"겸손은 사람을 머물게 하고 칭찬은 사람을 가깝게 하고 넓음은 사람을 따르게 하고"

– 『목민심서』 중에서

생각 더하기

1. 힘들 때 나를 위로해 주는 글귀가 있다면 이유와 함께 소개해 주세요.
2. 진심으로 자신을 사랑하고 아껴 주는 사람에 대해 소개해 주세요.
3. 가장 가깝다고 생각하는 사람에게서 서운함을 느꼈던 적이 있나요? 어떤 부분에서 그렇게 느꼈나요?
4. 『목민심서』의 명언 중에서 반론을 제기할 부분이 있다면 소개해 주세요.

명언 읽기

영혼의 눈으로 보는 것이 상상력이다.

– 조제프 주베르(Joseph Joubert, 1754~1824)

📌 혜인(惠人)과 침인(侵人)

– 혜인: 사람들에게 은혜를 끼치는 것, 다른 사람에게 혜택을 입히는 것을 의미한다. 惠(혜) 자는 心(마음 심) 자와 專(오로지 전) 자가 결합한 것으로 '은혜'나 '사랑', '자애'라는 뜻을 가진 글자이다.

– 침인: 다른 사람을 해치거나 손해를 끼치는 것을 말한다. 侵(침) 자는 人(사람 인) 자와 帚(비 추) 자가 결합한 것으로 '침범하다'나 '습격하다'라는 뜻을 가진 글자이다.

📌 제물(濟物)과 해물(害物)

– 제물: 물건과 일을 잘되게 하는 것, 물건과 일을 도와주는 것을 말한다. '물'은 사물(事物)로 일과 물건을 모두 가리킨다.

– 해물: 害(해) 자는 '해치다'나 '해롭다'라는 뜻을 가진 글자로, 물건과 일을 해치거나 일을 그르치는 것을 말한다.

📌 친구에게 배운다

세 사람이 함께하면, 나에게 가르침을 줄 사람이 있기 마련이다. 그 좋은 점은 따르고, 좋지 않은 점은 고친다.

三人行 必有我師焉 擇其善者而從之 其不善者而改之(「述而」7-22).

📌 인간관계와 인륜의 확충: 오륜, 오상

오륜은 유교에서 5개의 기본적인 인간관계를 가리키는 것으로, 부자유친(父子有親), 군신유의(君臣有義), 부부유별(夫婦有別), 장유유서(長

幼有序), 붕우유신(朋友有信)이다. 이러한 인간관계 속에서 보이는 친(親)·의(義)·별(別)·서(序)·신(信)이 오상이다. 이것들은 사람이 지켜야 할 도(道), 즉 인륜이고 사람들 사이의 질서를 말한다. 오상에 대한 설명으로는 부의(父義)·모자(母慈)·형우(兄友)·제공(弟恭)·자효(子孝)의 오전(五典)으로 보는 입장과 인(仁)·의(義)·예(禮)·지(智)·신(信)의 5개의 덕목으로 보는 입장이 있다. 한편 맹자(孟子)의 인의예지(仁義禮智)의 사덕에 한(漢)의 동중서(董仲舒)가 오행설(五行說)에 기초하여 신(信)을 첨가하기도 하는데, 개인(君主, 君子, 士大夫)의 생활에 있어서의 수양의 규범으로 중시되었다.

더 읽기 자료

■ 친구를 가려야 한다. 학문을 좋아하고 선을 좋아하며 바르고 엄하며 정직하고 진실한 사람을 구별하여, 그와 함께 살아가면서 겸허한 마음으로 충고를 받아들여 나의 결점을 다스린다. 게으르고 놀기를 좋아하며 아첨을 잘하고 말재주만 뛰어나고 바르지 못한 사람은 사귀어서는 안 된다.

擇友 必取好學 好善 方嚴 直諒之人 與之同處 虛受規戒 以攻吾闕 若其怠惰 好嬉 柔佞不直者 則不可交也.

■ 같은 소리는 서로 반응하고, 같은 기운은 서로 찾게 되니, 내가 배우고 묻는 데 뜻을 둔다면 나는 배우고 묻는 선비를 찾게 될 것이요, 배우고 묻는 선비 또한 나를 찾게 될 것이다. 말로는 배우고 묻는 것이라

고 하면서도 집안에서 여러 부류의 손님과 시끄럽게 떠들면서 세월을 보내는 것은 그가 좋아하는 것이 배우고 묻는 데 있지 않기 때문이다.

同聲相應 同氣相求 若我志於學問 則我必求學問之士 學問之士 亦必求我矣 彼名爲學問而門庭 多雜客 喧囂度日者 必其所樂 不在學問故也.

■ 누군가가 나를 헐뜯고 비방하면 반드시 돌이켜 스스로를 살펴야 한다. 그리하여 나에게 실제로 헐뜯을 만한 행실이 있으면, 스스로 꾸짖고 안으로 따져서 허물을 고치기를 꺼리지 않는다. 나의 잘못은 매우 미미한데 더 보태어 늘렸다면, 그 말이 지나칠지라도 나에게 헐뜯을 만한 빌미가 있는 것이므로, 또 과거의 잘못을 제거하여 털끝만큼도 남겨 두지 않는다. 나에게는 애초 허물이 없는데 거짓말을 날조했다면, 이는 망령된 사람이 한 짓거리일 뿐이므로, 망령된 사람과 거짓이냐 진실이냐를 따지지 않는다.

人有毁謗我者 則必反而自省 若我實有可毁之行 則自責內訟 不憚改過 若我過甚微而增衍附益 則彼言雖過 而我實有受謗之苗脈 亦當劃鋤前愆 不留毫末 若我本無過而捏造虛言 則此不過妄人而已 與妄人 何足計較虛實.

챗GPT에게 묻기

📌 질문

사회생활을 하면서 어려운 일 중의 하나는 친한 사람을 대하는 경우와 낯선 사람을 대하는 경우에 공정함을 유지하기가 힘들다는 점입니다. 기본적으로 우리는 어떤 마음가짐을 가져야 할까요?

고교학점제를 위한 인문학과 윤리

📌 답변

가까운 사람을 대하든 낯선 사람을 대하든 공정성을 유지하는 것은 사회생활의 중요한 측면입니다. 무엇이 공정한지에 대한 세부 사항은 상황에 따라 다를 수 있지만 다음은 사회적 상호 작용에서 공정성에 접근하는 데 도움이 될 수 있는 몇 가지 일반적인 사고방식입니다.

- 사람이 아닌 행동에 집중: 공정성에 관해서는 사람을 판단하기보다 드러나는 행동에 초점을 맞추는 것이 중요합니다. 이것은 누군가의 신원이나 귀하와의 관계에 기반한 가정이나 고정관념을 피하는 것을 의미합니다.
- 일관성: 가까운 사람이든 낯선 사람이든 모든 사람에게 동일한 공정성 기준을 적용하는 것이 중요합니다. 일관성은 관계에서 신뢰와 존중을 구축하는 데 도움이 되기 때문에 중요합니다.
- 공감: 공감은 다른 사람의 감정을 이해하고 공유하는 능력입니다. 가까운 사람이나 낯선 사람을 대할 때 공감은 그들의 관점에서 사물을 보고 공정하고 자비로운 방식으로 대응하는 데 도움이 될 수 있습니다.
- 열린 의사소통: 명확하고 열린 의사소통은 사회적 상호작용에서 공정성을 유지하는 데 필수적입니다. 가까운 사람을 대하든 낯선 사람을 대하든, 자신의 요구를 표현하고 다른 사람의 요구에 귀를 기울이는 것이 중요합니다.
- 겸손: 마지막으로 사회적 상호 작용에 겸손하게 접근하는 것이 중요합니다. 이것은 당신이 모든 답을 가지고 있지 않으며 다른 사람의 피드백을 기반으로 행동이나 가정을 조정해야 할 수도 있음을

인정하는 것을 의미합니다.

이러한 사고방식을 채택함으로써 가까운 사람과 낯선 사람 모두와 건강하고 만족스러운 관계를 구축하는 데 도움이 되는 공평함을 가지고 사회적 상호 작용에 접근할 수 있습니다.

📌 챗GPT 답변에 대해 자신의 의견 제시하기

10장

처세(處世)
: 처음 세운 뜻을 잃지 않는다

지금 공부하는 사람은 흔히들 부모의 희망과 가문의 영광을 위해 시험공부
에 힘쓰지 않을 수 없지만, 또한 마땅히 자기의 기량을 닦고 때를 기다리며
하늘에 성패를 맡겨야 한다. 성공하고자 하는 욕심과 성급함에 빠져 자신이
처음 세운 뜻을 버리지 않아야 한다.

第今爲士者 多爲父母之望 門戶之計 不免做科業 亦當利其器 俟
其時 得失 付之天命 不可貪躁熱中 以喪其志也.

핵심 키워드 불상기지(不喪其志)

    사회생활을 어떻게 해나갈 것인가? 인격을 도야하든 지력을 높이든 공부해서 어떤 사회인이 될 것인가? 대기업에 입사하거나 공무원이 될 것인가? 대도시 거주의 꿈을 키울 것인가?

    사적인 일보다 공적인 일에 우선권을 둘 것인가? 개인의 사적인 일보다 공적인 일에 몰두할 것인가? 사유재보다 공공재를 생산하고 관리하는 일에 매진할 것인가? 자기중심이 아니라 타인 중심으로 살아갈 것인가?

    민주 시민에게 늘 위와 같은 물음이 던져진다. 그런가 하면 사회적 갈등을 해소시켜야 하는 과제도 맡겨진다. 지역 갈등, 남녀 갈등, 세대 갈등, 이념 갈등, 빈부 갈등 등 열거하자면 끝이 없다.

    정보사회에서는 정보 격차가 문제이다. 정보의 검색과 해석 그리고 활용 능력이 사회 계층마다 차이가 생긴다. 거짓 정보에 휘말려서 잘못된 판단을 내리는 일은 민주주의 자체를 위태롭게 한다.

    젊은 세대는 취업, 결혼과 같은 발달 과업을 달성하기 어려워졌다. 특히 결혼에 이은 출산과 육아 문제는 산 넘어 산이다. 저출산은 국가의 미래를 위협할 수준이 되었다.

인구의 도시 집중은 산업화 이후 세계적 추세라고 하지만 도시와 농촌에 사는 사람들의 삶의 질은 간격이 날로 커지고 있다. 농어촌의 고령화 속도는 도시보다 훨씬 빠르다.

기성세대가 물려준 전통보다 젊은 세대가 새롭게 만들어 가는 전통이 사회를 주도한다. 과거 지향적 사고보다 미래 지향적 사고가 높이 평가된다. 그렇다고 먼 미래를 위해 현재의 삶을 희생시키는 일이 강한 설득력을 갖는 것은 아니다. 시대와 사회는 계속 변화한다.

생각 열기

현대 사회에서 '일과 생활의 균형'은 시대 및 세대에 따라 입장을 달리한다. 사람마다 가치 순서가 달라서 특정 세대를 일반화하기에는 무리가 있지만 2022년 11월 '일 · 가족 관계 · 여가 생활' 중 세대별 순위를 조사했더니, 40 · 50 · 60대는 1순위가 가족 관계, 2순위는 일, 3위가 여가 생활이었고, 30대는 가족 관계-여가-일 순서였다. 20대는 첫 번째 순위가 여가 생활이었으며, 좋아하는 일에 과감하게 지출하거나 시간을 투자하겠다고 생각한 것으로 나타났다.[80] 직장 때문에 여가와 취미를 할 수 없다면 일을 그만둘 수 있다는 질문에 20대가 가장 많이 긍정적으로 답한다. 20대는 여가 생활을 통해 개인 활동에 만족하고 삶의 질이 향상되면 자연히 가족 관계도 좋아지고 직장 생활에도 충실해진다고 보는 듯하다.

고교학점제를 위한 인문학과 윤리

사회가 변해 가면서 일, 즉 직장에서의 삶이 더 우선시되어 '나의 삶'보다는 일하면서 얻는 성공이 곧 최선의 삶인 것처럼 간주되어 왔다. 소위 '허슬(Hustle)' 문화는 사람들의 목표 달성을 위해 꼭 필요하게 요구되는 열정이었다. 그러나 시대와 세대가 변하면서 의식도 바뀌어 허슬 문화는 일종의 '억압과 착취'라고 비판받고 '워라밸(Work-life balance)'의 중요성이 대두되었다. 막중한 업무로 인해 삶의 질을 해친다는 게 주요한 취지였기 때문에 많은 사람은 경제 활동도 하면서 삶의 질을 높이려는 움직임도 강해졌다.

또한 고령화 사회와 함께 경제 불황으로 미래가 불확실해지면서 노후대책 문제는 워라밸과 함께 '욜로(Yolo)'라는 키워드를 중심으로 '한 번뿐인 인생 멋지게 즐기면서 살아가자'는 트렌드도 대두시켰다. 욜로로 인해 해외여행이 증가하였고, 고급화된 음식점에 많은 사람들이 모이는 등 꽤 많은 소비를 촉진시켰다. 이러한 소비 행태와 더불어 미래 설계에는 관심이 없는 듯이 보이는 가운데, '파이어족(Fire)'이라는 트렌드가 생겨났는데, 하나의 직업보다는 투잡, 쓰리잡 등을 통해 많은 수익을 창출하고자 한다. 베이비붐 시대인 부모 세대가 가족을 위해서 일했다면, 파이어족은 경제적 자립을 빨리 갖추고 노후를 젊을 때부터 즐기고자 한다.

코로나19 이후 사회의 모든 가치관이 급격하게 변하고, 여러 가지 부동산 정책 이후 생겨난 영끌족, 가상화폐 투자로 인한 여러 가지 사회문제가 대두되면서 모든 세대가 가치관의 혼란 속에 어디로 가야 할지 방향 감각을 상실하고 있다.

'흔들다', '훔치다', '속이다'라는 뜻의 1600년대 중세 네덜란드어 'hutselen'이라는 동사에서 유래한 단어인 '허슬(hustle)'은 '어떤 일을 일어나게 하다' 혹은 '가능성이나 장애물에도 불구하고 한 길로 나아가다'라는 의미로 진화하였다. 목표를 위해 "어떤 장애물이 있더라도 온몸을 바쳐서 할 수 있는 한 열심히 최선을 다해 일해라."고 하는 허슬 문화는 꿈을 이루기 위해 자신의 여가 생활을 포기하고 일에 모든 열정을 쏟는 것이 당연시되는 문화이다. 하지만 '허슬 문화'는 "냉혹하고 착취적인 것"이라고 비판받는다. 성과를 위해 누구보다도 필사적으로 노력해서 좋은 성과를 내면 그들에게 보상이 이뤄질 것이라고 믿었지만, 결과는 그렇지 못했다. 그저 고용주들이 조직에 대한 충성심을 불어넣기 위한 방법으로 활용할 뿐이다.

이와 달리 '워라밸'은 Work-life balance의 앞 글자를 딴 것으로 1970년대 후반 영국에서 개인의 업무와 사생활 간의 균형을 묘사하는 단어로 '일과 삶의 균형'이라는 의미이다. 지급이나 연봉에 상관없이 맡은 업무보다 많은 일에 시달리거나, 퇴근 이후에도 잦은 업무 지시와 야근 등으로 개인적인 사생활이 점점 없어지고 있다. 따라서 워라밸은 현대 사회에서 직장이나 직업을 선택할 때 고려하는 중요한 요소 중 하나로 떠오르고 있다.

직장 내 충성을 강요하던 '허슬(hustle)' 문화가 퇴근 후 삶의 질을 중시했던 '워라밸(Work-life balance)'로 바뀐 이후 최근 한 20대 직장인이 올린 영상 하나로 공감대를 이끈 화두가 '콰이어트 퀴팅(Quiet quitting)', 즉 조용한 퇴사이다. '조용히 그만두기'라고도 하는데, 직장 내에서 맡은 업무만을 조용히 처리하는 등의 소극적 업무 스타일을 말한다. 맡은 업무 이상을 요구하거나 스스로 감당할 수 없이 힘든 일이 주어지면 언제든 사직서를 제출할 수 있다는 마음가짐을 말한다. 정해진 출퇴근 시간을 정확히 지키고, 퇴근 이후에는 업무용 이메일과 메신저에 접속하지

고교학점제를 위한 인문학과 윤리

않는다. 대신 퇴근 후에는 자신의 취미 생활이나 가족과 함께하는 시간에 우선순위를 둔다.

You Only Live Once의 앞 글자를 딴 용어인 '욜로(YOLO)'는 현재 자신의 행복을 가장 중시하는 태도로, 미래 또는 타인을 위한 희생보다는 현재의 행복을 위해 사는 라이프 스타일이다. 욜로족은 미래를 위한 노후 준비나 내 집 마련보다는 지금 당장 삶의 질을 높여 줄 수 있는 취미 생활, 자기 개발 등에 더 많이 시간을 투자한다. 이들의 소비는 충동구매와는 다르게 자신의 이상을 실현하는 과정에 주력한다.

'파이어(FIRE)'란 Financial Independence, Retire Early의 첫 글자를 딴 용어로, 경제적 자립을 통해 빠른 시기에 은퇴하려는 사람들을 뜻한다. 이들은 재정적 자립에 초점을 두는데, 파이어족은 30대 또는 40대에 은퇴하는 것을 목표로 한다. 그들은 지출을 최대한 줄이고 투자를 늘려 재정적 자립을 추구하는 생활 방식을 택하는데, 수입의 절반 이상을 저축하기 위해 노력한다. 사회보장제도가 흔들리고 경제 불황이 계속되면서, 기성세대가 은퇴한 후에 경제적으로 어려움을 겪는 것을 보면서, 은퇴 후의 삶을 위해 현재 경제적으로 여유로운 생활을 하기보다는 노후를 위해 절약하며 안정적인 삶을 사는 것을 중요하게 여긴다.

요즘 '무지출 챌린지'를 실천하는 사람들이 많아졌는데, 치솟는 물가에 생활비를 줄이기 위해 온라인 커뮤니티나 SNS 등을 통해 지출 제로 움직임으로, 불필요한 소비를 줄이려는 절약과는 달리 무소비를 목표로 한다. 이들은 일주일에 얼마나 무지출을 했는지 가계부나 인증샷을 통해 게시물을 공유한다.[81]

1. '일 · 가족 관계 · 여가 생활' 중 우선순위를 매겨 보고 그 이유에 대해 자신의 생각을 말해 보세요.

2. '허슬(hustle)', '워라밸', '콰이어트 퀴팅(Quiet quitting)', '욜로(YOLO)', '파이어(FIRE)', '무지출 챌린지'에 대한 여러분의 생각을 발표해 보세요.

> 싸워 왕관을 얻는 일은 위대하고, 그것을 거부하는 일은 거룩하다.
>
> – 프리드리히 폰 실러(Friedrich von Schiller, 1759~1805)

📌 출세에 대한 탐욕[貪]과 삼독(三毒)

- 삼독(三毒): 불교에서 독약처럼 사람들을 해롭게 하고 번뇌하게 하여 깨달음에 장애가 되는 세 가지 '탐욕(貪欲), 진에(瞋恚), 우치(愚癡)'를 가리키는 데, 줄여서 탐(貪) · 진(瞋) · 치(癡)라고도 한다.

- 탐욕[貪]: 자신의 욕망에 집착하여 만족하지 못하고 욕심 부리는 것으로 탐애(貪愛) 또는 탐착(貪着)이라고도 한다. 불교에서는 오욕

(식욕·색욕·재욕·명예욕·수면욕)을 정도를 넘어서서 추구할 경우 탐욕이 된다.

📌 일의 성과에 대한 성급함[躁] : 빨리빨리의 빛과 그림자

초고속 인터넷망과 어플을 통한 빠른 음식 배달 서비스 등 효율적이고 빠른 편리한 문화 중심에는 '한국의 빨리빨리 문화'가 있다. 빠른 일 처리의 문화로 패션도 빨리 바뀌고 세계적으로 유행하는 것을 빠르게 적응시켜 발전시키기도 하는데, 이러한 문화는 경제 성장의 속도를 초고속으로 만드는 원동력이 되었다는 긍정적인 평가가 있기도 하지만, '빨리빨리'는 대충 일을 처리하거나 무례하기도 하고 불친절하게 보이기도 하는 등 여유가 없는 조급한 민족으로 오도되기도 한다.[82]

외국인들이 한국인들을 신기해하며 바라보는 '빨리빨리' 행동 습관 10가지를 다음과 같이 말하곤 한다. ① 초고속을 자랑하는 인터넷 속도를 누리는 한국에서 사람들은 웹사이트가 3초 안에 안 열리면 F5 연타 또는 닫는다. ② 결제할 때 가게 주인이 카드 서명을 대신한다. ③ 고기가 안 익었는데 계속 뒤집어 본다. ④ 화장실에서 볼일을 보며 양치한다. ⑤ 엘리베이터 닫힘 버튼을 숨 가쁘게 연타한다. ⑥ 자판기 안의 컵을 잡고 음료가 나오길 기다린다. ⑦ 버스정류장에서 버스와 치열한 추격전을 벌이곤 한다. ⑧ 상점에서 계산하기 전 다 먹어 버리는 경우가 있다. ⑨ 영화관에서 엔딩 크레딧이 올라가기 전 나가는 경우가 대부분이다. ⑩ 3분 컵라면이 채 익기도 전에 휘휘 저어 그냥 섭취한다.[83]

'빨리빨리' 속에 끊임없는 발전과 경쟁을 위해 쉼 없이 달리고 있지나 않은지, 때로는 주위를 둘러보며 천천히 걷거나 멈춰 서는 여유가 필요할 것이다. 열심히 달리다 보면 나도 모르게 무엇을 해야 하는지, 획일화된 문화에 지쳐 번아웃되기도 한다.

■ 오로지 과거 공부만 하는 사람이 과거에 급제하느냐 낙방하느냐에 매몰되어 마음은 항상 조급함을 다투면서도, 노력하는 것은 도리어 마음공부를 방해하지 않는 데에도 미치지 못한다. 그러므로 선현은 "과거 공부에 방해될까를 걱정하지 말고, 오로지 뜻을 빼앗길까를 걱정해야 한다."라고 하였다. 만약 과거 공부를 하면서도 지켜야 할 것을 잃어버리지 않는다면, 과거 공부와 심성 의리 공부를 병행해도 잘못이 없을 것이다.

只是做科業者 例爲得失所動 心常躁競 反不若勞力之不害心術 故先賢曰 不患妨功 惟患奪志 若能爲其事而不喪其守 則科業理學 可以竝行不悖矣.

■ 요즘 사람들은 말로는 과거 공부를 한다고 하지만 실제로는 실력을 쌓지 않는다. 또 말로는 심성 의리 공부를 한다고 하지만 실제로는 실천하지 아니한다. 그래서 과거 공부를 하라고 질책하면 "나는 심성 의리 공부에 뜻을 두고 있어 과거에 연연할 수 없다."라 하고, 심성 의리 공부를 하라고 질책하면 "나는 과거 공부 때문에 심성 의리의 실천에 힘쓸 수가 없다."라 한다. 이렇듯 양쪽으로 편리한 형편에 따라 하는 일 없이 하루하루 세월만 보내면, 결국에는 과거 공부와 심성 의리 공부 어느 것도 이루지 못하니, 늙은 뒤에 뉘우친들 어찌할 길이 없다. 어찌, 경계하지 않을 수 있겠는가.

今人 名爲做擧業而實不著功 名爲做理學而實不下手 若責以科業 則曰 我志於理學 不能屑屑於此 若責以理學 則曰 我爲科業所累 不能用功於實 地 如是兩占便宜 悠悠度日 卒至於科業理學 兩無所成 老大之後 雖悔 何 追 嗚呼 可不戒哉.

■ 사람들은 아직 벼슬하지 않을 때는 오직 벼슬하는 것을 급무로 여기고, 이미 벼슬에 오른 뒤에는 또 벼슬을 잃을까 걱정한다. 이렇게 골몰하면 자기의 본심을 잃는 자가 많게 되니, 벼슬하는 것을 어찌 어려워하지 않을 수 있는가. 지위가 높은 자는 정도를 시행하는 주체이니, 정도를 시행할 수 없으면 그 지위에서 물러나야 한다. 만일 형편이 어려워 봉급을 받기 위한 벼슬을 그만두지 못한다면, 중요 부서를 사양하고 한직으로 나가고 높은 자리를 사양하고 낮은 자리에 머물면서 굶주림과 추위를 면하도록 해야 한다. 비록 봉급을 받기 위한 벼슬이라고 하나 또한 검소하고 부지런하게 공무를 받들고 맡은 바 직무를 다해야 한다.

人於未仕時 惟仕是急 既仕後 又恐失之 如是汨沒 喪其本心者 多矣 豈 不可懼哉 位高者 主於行道 道不可行 則可以退矣 若家貧 未免祿仕 則須 辭內就外 辭尊居卑 以免飢寒而已 雖曰祿仕 亦當廉勤奉公 盡其職務.

챗GPT에게 묻기

📌 질문

시대와 사회는 계속 변합니다. 기성세대가 물려준 전통보다 젊은 세대가 만들어 가는 새로운 전통이 더 중요할까요?

📌 답변

젊은 세대가 만든 새로운 전통과 기성세대가 물려준 전통적 관습의 중
요성은 주관적이며 문화적 맥락, 개인적 가치, 신념과 같은 다양한 요인
에 따라 달라집니다.

한편으로 젊은 세대가 만든 새로운 전통은 사회의 현재 요구와 가치
를 반영하여 신선한 관점과 혁신을 가져올 수 있습니다. 이러한 새로운
전통은 청소년의 창의성, 포괄성 및 소속감을 함양하는 데 도움이 될 수
있습니다.

한편, 기성세대로부터 전승된 전통적 관습은 문화와 역사에 뿌리를 두
고 있어 과거와의 연속성과 연결성을 제공합니다. 이러한 전통은 여러
세대 동안 사회를 지탱해 온 가치와 신념을 일깨워 주고 문화유산을 보
존하는 데 도움이 될 수 있습니다.

새로운 전통과 오래된 전통의 가치를 인정하면서 둘 사이의 균형을 맞
추는 것이 필수적입니다. 하나가 다른 것보다 더 중요하기보다는 전통
의 다양성을 존중하고 감사하며 이를 현대 생활에 통합하는 방법을 찾는
것이 중요합니다. 그렇게 함으로써 우리는 과거와 미래를 모두 존중하
는 조화롭고 포용적인 사회를 만들 수 있습니다.

고교학점제를 위한 인문학과 윤리

📌 챗GPT 답변에 대해 자신의 의견 제시하기

_____

_____

_____

_____

_____

_____

_____

_____

_____

_____

_____

_____

_____

_____

_____

_____

_____

_____

_____

_____

- 교육부, 『교육부 고시 제2015-74호[별책6], 도덕과 교육과정』, 2015.

- 교육부, 『교육부 고시 제2022-33호[별책1], 초 · 중등학교 교육과정 총론』, 2022.

- 교육부, 『교육부 고시 제2022-33호[별책41], 고등학교 교육과정』, 2022.

- 공자, 김원중 역, 『인생을 위한 고전 논어』, 휴머니스트, 2017.

- 금장태, 『한국유교의 빛과 그늘』, 지식과교양, 2022.

- 김병우, 『한국인의 자랑 빨리빨리 문화 바로알기』, 시간의물레, 2018.

- 동리즈 저, 김인지 역, 『난세를 살아가는 지혜 논어』, 파라북스, 2023.

- 문종길, 『윤리와 사상, 텍스트와 함께 읽기 2』, 책과나무, 2012.

- 맹자, 성백표 역, 『맹자집주』, 전통문화연구회 2005.

- 범립본 저, 김원중 역, 『명심보감 자기 성찰의 고전』, 휴머니스트, 2017.

- 송병대, 『논어의 재구성』, 라이트하우스인, 2021.

- 송석구 · 김장경, 『율곡의 공부』, 문학동네, 2015.

- 율곡 이이, 김원중 역, 『격몽요결』, 민음사, 2015.

- 율곡 이이, 김학주 역, 『격몽요결: 올바른 공부의 길잡이』, 연암서가, 2013.

- 율곡 이이, 박상수 역, 『율곡친필 격몽요결』, 학자원, 2021.

- 율곡 이이, 이민수, 『격몽요결 율곡 선생의 인생 가르침』, 을유문화사 2022.

- 율곡 이이, 이창성 편, 『이이의 격몽요결』, 나무의꿈, 2015.

- 이동인, 『이율곡의 격몽요결 읽기』, 세창미디어, 2013.

- 이원섭 해설, 『논어 · 맹자』, 명문당, 2023.

- 이이, 이상각 글, 김태현 그림, 『격몽요결: 조선 최고의 인성 교과서』, 파란자전거, 2015.

- 이준자, 『논어, 감성으로 읽다』, 역사인, 2019.

- 주희 편, 임동석 역, 『소학』, 동서문화사, 2009.

- 최종엽, 『오십에 읽는 논어』, 유노북스, 2021.

- 판덩 저, 이서연 역, 『나는 논어를 만나 행복해졌다』, 미디어숲, 2023.

- 판덩 저, 이서연 역, 『나는 불안할 때 논어를 읽는다』, 미디어숲, 2022.

- 판덩 저, 하은지 역, 『어른이 되기 전에 꼭 한 번은 논어를 읽어라』, 미디어숲, 2023.

- 장백잠 · 장조이 저, 최석기 · 강정화 역, 『유교경전과 경학』, 경인문화사, 2002.

- 펑유란 저, 정인재 역, 『간명한 중국철학사』, 마루비, 2018.

- 한국국민윤리학회, 『한국 사상과 윤리』, 형설출판사, 1993.

- 이경무, 「다산실학의 체계와 윤리 Ⅰ」, 『인문과학연구』, 서원대 인문과학연구소, 1995.

- 이경무, 「유학의 성립과 발달」, 『인문과학연구』, 서원대 인문과학연구소, 1997.

- 이경무, 「선진유가 윤리성의 기본신조와 방법론 연구」, 『범한철학』, 범한철학회, 1999.

- 이경무, 「유학의 경서와 학적 전통」, 『범한철학』, 범한철학회, 2003.

- 이경무, 「유학의 도통과 학적 전통」, 『철학연구』, 대한철학회, 2004.

- 챗GPT프로그램: chat.openai.com/chat

- 네이버 백과사전

- 한국민족문화대백과

주

1. 2022 개정 교육과정은 2024년 초등학교 1-2학년을 시작으로, 2025년 초등학교 3-4학년과 중·고등학교 1학년, 2026년 초등학교 5-6학년과 중·고등학교 2학년, 그리고 2027년 중학교 3학년과 고등학교 3학년까지 적용을 완료할 예정이다.

2. 인(仁)은 충(忠)과 서(恕)이다. 인을 실천하는 구체적인 마음은 효제(孝悌), 충서(忠恕)로, 효(孝)는 자식이 부모를 공경하고 제(悌)는 형제가 서로 아끼고 사랑하는 것이다. 충(忠)은 조금의 꾸밈도 없이 자신의 정성을 다하는 것이고, 서(恕)는 자신의 마음을 미루어 다른 사람의 마음을 헤아리는 것이다. 충이란 자신이 서고자 할 때 다른 사람을 함께 세워 주는 것이고, 서란 자신이 하기 싫은 일을 남에게 강요하지 않는 것, 즉 다른 사람에게 자기의 마음을 다하는 것(盡心)이다.

3. 천하에 도(道)가 있으면 예악(禮樂)과 정벌(征伐)은 천자(天子)에게서 나오고, 천하에 도가 없으면 예악과 정벌이 제후에게서 나온다. 만약에 예악과 정벌이 제후와 대부, 가신들에게서 나오게 되면 나라를 잃지 않는 경우가 없다. 천하에 도가 있으면 정치에 대해 백성들이 이러쿵저러쿵 더 말할 필요가 없다.

4. 『논어』에서 '인(仁)'은 대략 58장에서 100여 차례나 언급하고 있다. 인(仁)은 자비(benevolence), 사랑(love), 선함(goodness), 인간다운 마음씨(human-heartedness), 배려(consideration, care), 동정(sympathy)과

같은 개념으로 볼 수 있다.

5. 정치란 반듯함(正)이고, 이름을 바로잡는(正) 것이다. 임금다워야 임금이라 할 수 있고, 신하다워야 신하라고 할 수 있으며, 부모다워야 부모라 할 수 있고, 자식다워야 자식이라고 할 수 있다. 이렇게 각자가 자신의 지위와 역할에 충실한 것이 정치의 근본이다.

6. 『사기(史記)』「공자세가(孔子世家)」는 '공자(孔子)는 시(詩)·서(書)·예(禮)·악(樂)을 가르쳤다. 제자는 대략 3천이었으며, 六禮에 통달한 자는 72인이었다[孔子以詩書禮樂敎焉 弟子蓋三千焉 身通六藝者七十有二焉)]'라고 하여, 그 문인이 많았음을 짐작하게 해 주고 있다. 또 『한비자(韓非子)』「현학(顯學)」편은 '공자가 서거한 뒤로 자장(子張), 자사(子思), 안씨(安氏), 맹씨(孟氏), 칠조씨(漆雕氏), 중량씨(仲良氏), 손씨(孫氏), 악정자씨(樂正子氏)의 학들이 있었다[自孔子之死也 有子張氏之儒 有子思氏之儒 有安氏之儒 有孟氏之儒 有漆雕氏之儒 有仲良氏之儒 有孫氏之儒 有樂正子氏之儒]'라고 하여, 공문 제자가 여러 파로 나뉘고 있음을 밝히고 있다.

7. 이하의 공자 사상의 전변 과정과 그에 따른 맹자의 사상과 순자의 사상에 관한 내용은 이경무(1999:116-119)의 논의를 수정·보완한 것이다.

8. 金忠烈 著, 『中國哲學散稿(Ⅰ)』, 온누리, pp. 95-96, 참조. 한편 증자(曾子)와 자사(子思)로부터 맹자(孟子)로 이어지는 학파와 자하(子夏)로부터 순자(荀子)로 이어지는 학파를 대비되는 특징에 따라 각각 주관파와 객관파로 나누거나 극기파(克己派)와 복례파(復禮派)로 나누기도 하고(李乙浩 著, 『茶山學의 理解』, 1979, pp. 122-123, 참조.), 전도(傳道) 중심 학파와 전경(傳經) 중심 학파로 나누어 보기도 한다(가노 나오키 著, 吳二煥 譯, 『中國哲學史』, 乙酉文化社, 1986,

고교학점제를 위한 인문학과 윤리

pp. 135-136, 참조).

9. 『孟子』「梁惠王上」: 王何必曰利 亦有仁義已矣. 이하에서 『맹자(孟子)』
의 인용은 편명만 표기한다.

10. 「滕文公下」: 聖王不作 諸侯放恣 處士橫議 楊朱墨翟之言盈天下 天下
之言不歸楊則歸墨.

11. 「滕文公下」: 予豈好辯哉 予不得已也.

12. 『荀子』「非十二子」: 假今之世 飾邪說 文姦言 以梟亂天下 矞宇嵬瑣
使天下渾然不知是非治亂之所存者 有人矣. 이하에서 『순자(荀子)』의
인용은 편명만 표기한다.

13. 「正名」: 今聖王沒 天下亂 姦言起 君子無勢以臨之 無刑以禁之 故辯
說也.

14. 이하의 유교 사상의 변천에 관한 내용은 이경무(1995, 2003, 2004)
의 관련 논의를 수정·보완한 것이다.

15. 1) 유교의 경전(經典)은 성인의 말씀이냐 아니냐를 기준으로 경(經)
과 전기(傳記)로 구별하지만, 그 위상이 시대적으로 일정하지 않다.
전기(傳記)는 『좌전(左傳)』이나 『예기(禮記)』로부터 여러 주석사(注釋
書)에 이르기까지 그리고 경(經)은 5경 또는 6경에서 9경에 이어 13
경에 이르기까지 범위가 확대된다. 전기(傳記)는 인물의 말씀을 중
시하는 전(傳)과 서사의 기록을 중시하는 기(記)로 구별하지만, 서
사가 인물과 별개일 수 없기에 전(傳)으로 통칭하기도 한다. 주석
(注釋)은 당나라 공영달(孔穎達, 574~648)이 『십상경주소(十三經注
疏)』를 완비하면서 주소(注疏)로 통용한다. 원래 주(注)는 경(經)이
나 전기(傳記)의 원전을 이해하기 위해 보충한 것, 소(疏)는 그 보

충에 대해 다시 보충한 것으로 구별하지만 설(說), 해(解), 고(詁), 훈(訓), 전(箋), 석(釋), 전(詮), 술(述), 학(學), 정(訂), 교(校), 고(考), 증(證), 미(微), 은(隱), 의(疑), 의(義), 음의(音義), 장구(章句), 정의(正義), 훈고(訓詁), 고훈(詁訓), 해고(解詁), 교주(校注), 의소(義疏), 소증(疏證), 집석(集釋)으로 통칭하기도 한다.(조명화, 2017:14-15, 주 12 참조) 유교 경전은 ① 육경(六經): 시경(詩經), 서경(書經), 예경(禮經), 악기(樂記), 주역(周易), 춘추(春秋)[춘추시기] ② 오경(五經): 시경(詩經), 서경(書經), 예경(禮經), 주역(周易), 춘추(春秋)[서한] ③ 칠경(七經): 시경(詩經), 서경(書經), 예경(禮經), 주역(周易), 춘추(春秋), 효경(孝經), 논어(論語)[동한] ④ 구경(九經): 시경(詩經), 서경(書經), 의례(儀禮), 주례(周禮), 예기(禮記), 주역(周易), 춘추좌씨전(春秋左氏傳), 춘추공양전(春秋公羊傳), 춘추곡량전(春秋穀梁傳)[당나라] ⑤ 십이경(十二經): 시경(詩經), 서경(書經), 의례(儀禮), 주례(周禮), 예기(禮記), 주역(周易), 춘추좌씨전(春秋左氏傳), 춘추공양전(春秋公羊傳), 춘추곡량전(春秋穀梁傳), 이아(爾雅), 논어(論語), 효경(孝經)[당나라] ⑥ 십삼경(十三經): 시경(詩經), 서경(書經), 의례(儀禮), 주례(周禮), 예기(禮記), 주역(周易), 춘추좌씨전(春秋左氏傳), 춘추공양전(春秋公羊傳), 춘추곡량전(春秋穀梁傳), 이아(爾雅), 논어(論語), 효경(孝經), 맹자(孟子)[송나라] ⑦ 사서(四書): 대학(大學), 중용(中庸), 논어(論語), 맹자(孟子)[송나라] ⑧ 사서오경(四書五經): 대학(大學), 중용(中庸), 논어(論語), 맹자(孟子), 시경(詩經), 서경(書經), 역경(易經), 춘추(春秋), 예기(禮記)[송나라] ⑨ 사서삼경(四書三經): 대학(大學), 중용(中庸), 논어(論語), 맹자(孟子), 시경(詩經), 서경(書經), 역경(易經)[송나라] 등으로 구별한다.(네이버 지식백과 https://terms.naver.com/entry.naver?docId=2098094&cid=44411&category

고교학점제를 위한 인문학과 윤리

Id=44411)

16. 문사는 원래의 시·서·역·예 등에 관한 문장(文章)이나 시사(詩詞)를 통해 유교의 근본정신을 고취하고 내적 수양과 정서를 고양하는 데 목적이 있으나, 시간이 흐름에 따라 문장과 시사의 외적 수식이나 기교에 치우치고 과거를 위한 도구로 취급되기에 이르렀다.

17. 공영달, 안사고 등은 당 태종의 명으로 《오경정의(五經正義)》를 편찬하였는데, 『주역』은 왕필(王弼, 226~249)·한강백(韓康伯, 332~380)의 주(注), 『상서(尙書)』는 공안국(孔安國, B.C.156?~B. C.74?)의 전(傳), 『모시(毛詩)』는 모형(毛亨)의 전(傳)과 정현(鄭玄, 127~200)의 전(箋), 『예기(禮記)』는 정현의 주(注), 『춘추좌씨전(春秋左氏傳)』은 두예(杜預, 222~284)의 주(注)를 표준으로 하고 거기에 소(疏)를 더하였다.

18. 한유와 함께 당·송 시기 고문의 대가 7인을 통칭하는 말로, 당의 유종원(柳宗元), 송의 구양수(歐陽修), 소순(蘇洵), 소식(蘇軾), 소철(蘇轍), 증공(曾鞏), 왕안석(王安石)이 이에 해당한다. 유종원은 한유와 더불어 고문 부흥(古文復興) 운동의 쌍벽으로 특히 표현이 정채(精彩)하고 간결하며, 자구(字句)의 완숙미가 뛰어났다. 구양수는 금석학의 선구를 이룬 『집고록발미(集古錄跋尾)』를 저술하였고, 소식 등 유능한 인재가 그 문하에서 나왔다. 소순은 두 아들 소식(蘇軾)·소철(蘇轍)과 함께 삼소(三蘇)라 불렸는데, 날카로운 논법과 정열적인 필치에 의한 평론이 구양수의 인정을 받고, 정치·역사·경서 등에 관한 많은 평론을 남겼다. 소식은 호가 동파(東坡)인데 구양수와 비교되는 대문호로서, '적벽부(赤壁賦)'를 비롯한 시·사(詞)·고문(古文) 등에 능하고, 서화(書畫)에도 뛰어났다. 소철은 왕안석의 신법(新法)을 반대하여 지방관리로 좌천되는 등 정치적 우

여곡절을 겪었고, 많은 시문과 고전 주석서를 남겼다. 증공은 끈기 있는 의론(議論)이 특색인 문장을 구사하였으며 객관적인 서술에 뛰어나고, 고금의 전각(篆刻)을 모은『금석록(金石錄)』과 시문집『원풍유고(元豐類稿)』를 남겼다. 왕안석은 재정적 위기를 해결하기 위해 부국강병의 신법을 시행하려 했으나 보수파의 반대로 물러났고, 독창적인 고전 주석과 많은 시문을 남겼다.

19. 주돈이는『태극도설(太極圖說)』과『통서(通書)』등을 지었다.『태극도설』은『주역(周易)』을 바탕으로 태극도를 해설한 것으로, 무극(無極)·태극(太極)으로부터 음양과 오행을 거쳐 만물이 생성되기까지의 과정을 그림으로 나타낸 다음 해설을 덧붙이고 있다. 이것은 우주 만물이 어디에서 비롯되어 어떻게 형성되었는가를 밝힌 일종의 우주생성론으로, 신유학의 세계관과 우주관의 기초를 확립했다는 평가를 받는다.『통서』는 성인이 되기 위한 수양법을 제시한 것으로, 그가 체득한 유교의 중용, 도가의 무욕청정(無欲淸淨), 불가의 적정(寂靜) 등을 종합적으로 수용하고 있다. 소옹의 호가 안락선생(安樂先生)인데 사후 강절(康節)이란 시호가 내려졌기에 소강절이라 불렀다. 정치적으로 왕안석의 변법에 반대하였지만, 재미있고 온화한 성품을 지녀서 많은 사람이 그를 좋아했다. 그는 우주에서 일어난 사건은 상(象)으로 표현할 수도 있고 수(數)의 계산으로 예견할 수도 있다고 보고, 상수(象數)로 8괘와 64괘의 순서와 방위를 나타내는 등 우주 발생의 도식(圖式)을 확립했다. 또한 그는 사물을 마음이나 감각을 통해 인식하는 것이 아니라 리(理)를 통해 그 실상(實像)을 보는 것인 관물(觀物)의 개념을 중요하게 여겼다. 인간의 주관적인 인식에서 벗어나 모든 차별과 구별이 사라진 객관적인 입장에서 사물을 봄으로써 만물과 일체를 이루게 된다는 관물론은 신유학 이론의 토대가 되었다. 장횡거는 도학의 창시자로 알려졌지만,

후세에 많은 영향을 끼친 것은 기(氣) 철학이다. 그는 태허를 기로 보고 둘의 관계를 물과 거기에서 생겨나는 얼음에 비유함으로써 도가의 '무'나 불가의 '물(物)=가상'을 논파하고 기일원론(氣一元論)의 입장을 수립한다. 하지만 그는 또 눈과 귀에 의한 '견문(見聞)'의 지(知)는 좁으니 '진성(盡性)'에 의해 천하를 보아야 한다고 함으로써, '성(性)'을 '기(氣)'보다도 우위에 놓고 기일원론의 입장을 포기하게 되는 이중성을 띤다. 이런 이중성은 정자(程子)와 주자(朱子)의 이원론으로 전개되기도 하지만, 기일원론으로 강화되기도 한다. 정호는 제자(諸子), 노장(老莊), 불교를 두루 공부하였으나, 결국 유학으로 복귀한다. 우주의 근본 원리를 '리(理)'라 부르고, 사람은 모름지기 리를 직관적으로 파악하여 순응하여야 한다는 '이기일원론(理氣一元論)', '성즉이설(性則理說)'을 주장하였다. 그의 주장은 동생 정이를 거쳐 주자(朱子)에게 큰 영향을 주었다. 정이는 주돈이에게 학문을 배웠고, 형 정호와 함께 '이정자(二程子)'라 불렸는데, 『역경(易經)』에 대한 연구가 특히 깊었다. 그는 '이기이원론(理氣二元論)'의 철학을 수립함으로써 정주학(程朱學)의 주축이 되었다. 정호가 오직 정좌(靜坐)를 주장한 데 비해, 그는 '경(敬)'을 중히 여겨 '거경궁리(居敬窮理)'에도 힘썼다.

20. 주렴계(周濂溪)의 『태극도설(太極圖說)』과 『통서(通書)』, 소강절(邵康節)의 『황극경세(皇極經世)』와 『이천격양집(伊川擊壤集)』, 장횡거(張橫渠)의 『서명(西銘)』과 『정몽(正蒙)』, 정명도(程明道)의 『명도문집(明道文集)』과 『유서(遺書)』, 정이천(程伊川)의 『이천역전(伊川易傳)』과 『이천문집(伊川文集)』과 『경설(經說)』 등이 대표적이다.(趙吉惠 郭厚安 趙馥浩 潘策 共著, 김동휘 옮김, 『中國哲學史』, 349~407쪽) 심성의리(心性義理) 또는 심성이기(心性理氣)의 문제를 다루고 있기에 통틀어 성리서(性理書)라 부른다.

21. 주자(朱子)는『근사록(近思錄)』,『정씨유서(程氏遺書)』,『정씨외서(程
氏外書)』,『상채어록(上蔡語錄)』,『태극도설해(太極圖說解)』,『통서해
(通書解)』,『서명해의(西銘解義)』등을 편찬하여(위의 책, 467쪽) 북
송오자(北宋五子)의 학문을 종합하고 있다.

22. 중국에서는 일찍부터 기(氣) 개념을 사용하여 만물을 설명했는데,
기라는 포괄적 개념과 함께 음양(陰陽)과 오행(五行)이라는 보다 구
체적인 개념으로 사물의 발생과 변화를 설명하고 다양한 사물을 분
류하고 체계화하여 이해했다. 송나라 때 신유학이 성립하면서 리
개념이 중요하게 인식되었고, 이에 따라 리와 기를 유기적으로 결
합한 이기론이 확립되었다. 이기론에 의한 존재론적 규정과 발생론
적 설명은 리와 기의 두 가지 관계가 중심이다. 리는 만물을 낳는
근본 원리이고 기는 만물을 이루는 재료로서, 만물은 리와 기가 결
합하여 이루어진다. 이때 리와 기는 사물에서는 서로 분리될 수 없
는 관계[理氣不相離]에 있고, 개념적으로나 논리적으로는 서로 섞
일 수 없는 관계[理氣不相雜]에 있다. 그래서 리와 기는 둘이면서
하나이고 하나이면서 둘이라고 할 수 있다.

23. 심성론은『맹자』에서 처음으로 제기되는데, 사덕이 구체적으로 어
떻게 발현되는가를 설명하는 데서 심·성·정의 개념이 제기된다.
이에 대해 주자는 인간의 본성은 하늘이 부여한 것으로 인의예지가
모두 갖추어져 있지만, 인간에게는 희로애락의 감정이 있기에 성을
다시 본연지성과 기질지성으로 구별한다. 또 주자는 '성은 심의 이
(理), 정은 심의 동(動), 심은 성·정의 주(主)'라고 규정함으로써 정
을 성의 발현(發現)으로 보지만, 성은 그 자체가 움직일 수 없고 기
질을 통해서만 발현하기 때문에 기에 의하여 한정된다고 주장한다.
성은 체(體)이고 정은 용(用)이며, 성은 미발(未發)의 중(中)이고 정

은 이발(已發)의 용으로, 심이 정과 성을 주재하여 총괄[心統性情]한다는 것이다. 그래서 또 "심은 사람의 신명(神明)으로서 온갖 이치를 갖춰 만사(萬事)에 응할 수 있다."라고 하는데, 그런 경우 성은 온갖 이치를 갖춘 것이라면 정은 만사에 응하는 것이다.

24. 거경궁리는 경건한 태도를 갖추고 사물의 이치를 궁구한다는 뜻이다. 주자가 주장하는 학문 수양의 기본 방법으로 실천적 맥락의 거경과 인식적 맥락의 궁리를 하나로 아우른 것이다. 거경은 이발의 거경성찰(居敬省察)과 미발의 거경함양(居敬涵養)을 포괄하는 것으로, 이때 함양은 『맹자』의 존심양성(存心養性)을 심화한 것이다. 궁리는 만물의 이치를 궁구한다는 것으로 『대학』의 격물치지(格物致知)를 객관화한 것이다.

25. 선진 유교 이래로, 규범의 가치 근거에 관한 논의는 도—덕의 실천 주체와 그 존립 근거로서의 천명에 관한 논의에 포함되었고, 그에 따라 유교의 가치론은 독자적으로 발전되지 못한 채 심성—천론에 종속되었다. 그런데 신유학은 도—덕 심성과 천명의 존립 근거를 존재의 우주의 본질 또는 본체 문제로까지 천착해 나아갔다. 신유학의 형이상학적 우주론인 리기—본체론이 바로 그것인데, 이로써 유교의 심성—천론은 다시 리기—본체론으로 수렴되었다. 그래서 주자는 리기—본체론을 정립함으로써 도—덕 심성 및 천명의 존재 근거와 함께 심성—천론에 포섭된 가치 규범의 정당화 근거를 제시하고, 거경궁리의 수양과 실천을 주장하였다.

26. 『사서장구집주(四書章句集注)』, 『사서혹문(四書或問)』, 『시집전(詩集傳)』, 『주역본의(周易本義)』, 『역학계몽(易學啓蒙)』, 『효경간오(孝經刊誤)』, 『의례경전통해(儀禮經傳通解)』 등이 있다.

27. 『朱子語類』卷十四, 「大學一」: 綱領某要人先讀大學以定規模 次讀論

語以立其根本 次讀孟子以觀其發越 次讀中庸以求古人之微妙處.

28. 육구연은 호가 존재(存齋)·상산(象山)이고 시호가 문안(文安)이다. 어려서부터 재능이 뛰어나 관직에 올랐으나 곧 물러나 후학 양성에 전념하였다. 그는 주자(朱子)와 대립하여 중국 전체를 양분(兩分)하는 학문적 세력을 형성하지만, 사상적으로 정호와 정이의 학문을 계승한 것은 똑같다. 그러나 그는 주자가 정이천와 같이 도문학을 더 중시한 데 비해 정명도처럼 존덕성을 더 중시함으로써, 주자의 격물치지(格物致知)설과 성즉리(性卽理)설을 반대하고 치지(致知)설과 심즉리(心卽理)설을 주장하였다. 상산의 학문은 양자호(楊慈湖) 등 그 제자에게 계승되고, 명대(明代)의 왕양명(王陽明)에 이르러 다시 계승·발전하였다.

29. 삼봉 정도전(1342~1398)은 견문과 학식 그리고 정치적 수완을 겸비한 유학자로 조선 초기 유교의 기초를 확립하였으며, 유학의 입장에서 불교가 종교 및 도덕상으로 배척되지 않으면 안 될 까닭을 규명함과 동시에 유교의 진흥이야말로 국가 백년대계의 지상 이념이라고 설파하였다.

30. • 사단: 인간의 도덕 감정, 즉 측은지심(惻隱之心), 수오지심(羞惡之心), 사양지심(辭讓之心), 시비지심(是非之心) 4가지로, 맹자에 의해 제시되었다.
   • 칠정: 인간의 일곱 가지 감정, 즉 희(喜, 기쁨), 노(怒, 성냄), 애(哀, 슬픔), 구(懼, 두려움), 애(愛, 사랑), 오(惡, 미움), 욕(欲, 욕망)으로 『예기(禮記)』에 수록되어 있다.

31. 기호의 종류
   • 영지(靈知)의 기호: 선을 좋아하고 악을 싫어하는 마음의 기호 ← 인간만이 가지고 있는 기호

- 형구(形軀)의 기호: 단것을 좋아하고 쓴것을 싫어하며 향기를 좋아하고 악취를 싫어하는 것과 같은 육체의 기호 ← 인간과 동물 모두가 가지고 있는 기호

32. 단시설(端始說): 인의예지의 사덕은 인간의 본성(태어나면서부터)에 내재하는 것이 아니라 일을 행한 뒤에 비로소 이루어지는 것이며, 사단을 생활 속에서 확충함으로써 마침내 형성되는 것이다. 사단은 인성(人性)이 본래 (기호로서) 가지고 있으며, 측은(惻隱)은 인(仁)의 시작[시(始)]이다. 단(端)=시작[시(始)]이고, 인의예지의 사덕은 사람 마음 가운데 (본래부터) 매달려 있는 것이 아니다.

33. 국자학은 3품 이상, 태학은 5품 이상, 사문학은 7품 이상, 기술학부에는 8품 이하의 관리나 서민의 자제가 입학하도록 규정하고 있다.

34. 『천자문』은 서당에서 가장 먼저 배우는 교재로, 1000개 한자가 4자 250구를 이루고 있다. 『동몽선습』은 유교의 기본 윤리인 부자유친(父子有親)·군신유의(君臣有義)·부부유별(夫婦有別)·장유유서(長幼有序)·붕우유신(朋友有信)의 오륜과 중국 및 조선의 역사를 담고 있다. 『명심보감』은 『논어』를 비롯하여 바른 마음을 가질 수 있는 내용을 모아서 만든 책이다.

35. 서원은 대체로 공부를 하는 강학당은 앞쪽에, 제사를 지내는 사당은 뒤쪽에 위치한다. 서원은 후진 양성을 위한 교육적 기능, 선현에 대한 제사를 지내는 종교적 기능, 사림 세력의 확대와 결속을 강화는 정치적 기능, 향촌에서 사림의 사회적 지위 유지를 위한 사회적 기능의 역할을 하였다.

36. • 중국의 오성(五聖): 공자(孔子), 안자(顔子), 증자(曾子), 자사(子思), 맹자(孟子)

- 공문십철(孔門十哲]): 공자의 뛰어난 10명의 제자들, 안회(顔回),
  민자건(閔子騫), 염백우(冉伯牛), 중궁(仲弓), 재아(宰我), 자공
  (子貢), 염유(冉有), 계로(季路), 자유(子遊), 자하(子夏)
- 중국의 육현(六賢): 주렴계(周濂溪, 주돈이), 정명도(程明道, 정
  호), 정이천(程伊川, 정이), 주회암(朱晦庵), 소강절(沼康節), 장
  횡거(張橫渠)
- 송조 2현(宋朝二賢): 정명도(程明道, 정호), 주희(朱熹)
- 동국 18현(十八賢): 설총(薛聰), 최치원(崔致遠) 안유(安裕), 정
  몽주(鄭夢周), 정여창(鄭汝昌), 김굉필(金宏弼), 이언적(李彦
  迪), 조광조(趙光祖), 김인후(金麟厚), 이황(李滉), 성혼(成渾),
  이이(李珥), 조헌(趙憲), 김장생(金長生), 송시열(宋時烈), 김집
  (金集), 박세채(朴世采), 송준길(宋浚吉) 등

37. 喬桐(교동)과 校洞(교동)/校村(교촌)
- 喬桐(교동): 강화의 옛 지명
- 校洞(교동)/校村(교촌): 향교(鄕校)가 위치한 전국 각지의 지명

38. 『소학』은 유학 교육의 입문서로 일상생활의 예의범절, 수양을 위한
    격언, 충신, 효자의 사적 등을 모아 놓았으며, 그 내용은 내편은 입
    교(立敎), 명륜(明倫), 경신(敬身), 계고(稽古), 외편은 가언(嘉言),
    선행(善行)으로 되어 있다. 사서는 유교의 기본 경전인 『대학』·『논
    어』·『맹자』·『중용』을 지칭한다.

39. 조선의 승보시는 소과(小科)의 초시(初試)에 해당하는 것으로, 사학
    유생(四學儒生) 중에서 15세가 되어 성적이 우수한 자를 시험하여
    성균관기재(成均館寄齋)에 입학시키는 제도인데, 여기에 합격하면
    소과 복시(覆試)에 응시할 자격을 주었다.

40. 때로는 동당감시에 합격한 사람도 임금이 다시 시(詩)·부(賦)·논

고교학점제를 위한 인문학과 윤리

(論)으로 친히 시험을 보게 하여 등급을 정하는 복시(覆試: 簾前重試 · 親試)제도가 있었다. 이러한 복시는 성종 때 처음 시작하였으나 상례적인 제도는 아니었다.

41. 『소학』은 부모 · 형 · 임금 · 어른 · 스승 · 친구와의 도리를, 『대학』 및 『대학혹문』은 이치 탐구와 자기 수양을, 『논어』는 인(仁)을 추구하고 자기를 바르고 충실하게 하며 근본적인 바탕을 철저히 하는 것을, 『맹자』는 의로움과 이익을 분별하고 인욕(人慾)을 막으며 천리(天理)를 보존할 것을, 『중용』은 사람의 본성과 감정의 움직임을 잘 조절하여 가장 적절하고 조화되게 하는 공부와 하늘과 땅이 자리 잡히고 만물이 잘 자라나는 오묘한 이치에 대해 연구하게 한다. 『시경』은 성정의 그릇됨과 올바름 및 선악에 대한 드러냄과 경계함을, 『예경』은 하늘의 도를 이치에 따라 적절하게 드러내는 것과 사람이 지켜야 할 법칙의 정해진 제도를 알게 하며, 『서경』은 중국 고대의 요순과 우왕 · 탕왕 · 문왕이 천하를 다스린 큰 줄기와 법을 배우게 한다. 『역경』은 길흉 · 존망 · 진퇴 · 소장(消長)의 조짐을, 『춘추』는 성인이 선(善)을 상 주고 악을 벌하며 어떤 것은 누르고 어떤 것은 높여 뜻대로 다루는 글과 뜻을 체득하여 실천하게 하고자 한다.

42. 송(宋)나라 주자[朱熹]가 모든 일에는 항상 때가 있어서 때를 놓치면 뉘우쳐도 소용없는 일이라고 가르친 열 가지를 일컫는다. ‘주자십회(朱子十悔)’라고도 하고, ‘주자훈(朱子訓)’이라고도 한다. ① 불효부모사후회(不孝父母死後悔): 부모에게 효도하지 않으면 돌아가신 뒤에 뉘우친다. ② 불친가족소후회(不親家族疏後悔): 가족에게 친하게 대하지 않으면 멀어진 뒤에 뉘우친다. ③ 소불근학노후회(少不勤學老後悔): 젊어서 부지런히 배우지 않으면 늙어서 뉘우친다. ④ 안불사난패후회(安不思難敗後悔): 편안할 때 어려움을 생각하지 않으

면 실패한 뒤에 뉘우친다. ⑤ 부불검용빈후회(富不儉用貧後悔): 재산이 풍족할 때 아껴 쓰지 않으면 가난해진 뒤에 뉘우친다. ⑥ 춘불경종추후회(春不耕種秋後悔): 봄에 씨를 뿌리지 않으면 가을에 뉘우친다. ⑦ 불치원장도후회(不治垣墻盜後悔): 담장을 제대로 고치지 않으면 도둑맞은 뒤에 뉘우친다. ⑧ 색불근신병후회(色不謹愼病後悔): 색을 삼가지 않으면 병든 뒤에 뉘우친다. ⑨ 취중망언성후회(醉中妄言醒後悔): 술에 취해 망령된 말을 하고 술 깬 뒤에 뉘우친다. ⑩ 부접빈객거후회(不接賓客去後悔): 손님을 제대로 대접하지 않으면 떠난 뒤에 뉘우친다.

43. 한국민족문화대백과, 한국학중앙연구원, https://terms.naver.com/entry.naver?docId=568181&cid=46649&categoryId=46649

44. 증자(曾子, B.C.505~B.C.436): 춘추 시대 말기 노나라 사람으로, 이름은 삼(參)이고, 자는 자여(子輿)이다. 공자의 수제자로 효심이 두텁고 내성궁행(內省躬行)에 힘썼으며, 노나라에서 제자들의 교육에 주력했다. "초상을 당해서는 신중하게 치르고 먼 조상을 추모하면, 백성들이 모두 두터운 덕을 갖추게 될 것[愼終追遠 民德歸厚矣]"이라고 주장하면서 하루에 세 번 반성[일일삼성(一日三省)]하는 수양 방법을 제창했다.

45. 『논어』「학이편」, "曾子曰(증자왈), 吾日三省吾身(오일삼성오신), 爲人謀而不忠乎(위인모이불충호), 與朋友交而不信乎(여붕우교이불신호), 傳不習乎(전불습호)."

46. 『논어』에 등장하는 공자의 제자: 高柴(고시), 公伯寮(공백료), 公西赤(공서적), 公冶長(공야장), 琴牢(금뢰), 南宮适(남궁괄), 端木賜(단목사), 澹臺滅明(담대멸명), 巫馬施(무마시), 閔損(민손), 樊須(번수), 宓不齊(복부제), 卜商(복상), 司馬耕(사마경), 申棖(신정),

顔無繇(안무요), 顔回(안회), 言偃(언언), 冉耕(염경), 冉求(염구), 冉雍(염옹), 原憲(원헌), 有若(유약), 宰子(재여), 顓孫師(전손사), 仲由(중유), 曾參(증참), 曾點(증점), 陳亢(진항), 漆雕啓(칠조계)

47. 공자가 말하길, 나를 진나라와 채나라에서 따르던 자들은 다 문하에 있지 않다(『논어』 11편 선진 2장, 子曰 從我於陳蔡者 皆不及門也.; 孔子 嘗厄於陳蔡之間 弟子多從之者 此時 皆不在門. 故 孔子思之 蓋不忘 其相從於患難之中). 덕행에는 안연, 민자건, 염백우, 중궁이었고 언어에는 재아, 자공이었고 정사에는 염유, 계로였고 문학에는 자유, 자하였다(德行 顔淵 閔子騫 冉伯牛 仲弓. 言語 宰我 子貢 政事 冉有 季路. 文學 子游 子夏).

48. 이재가(理財家): 재물을 유리하게 다루어 운용하는 데에 밝은 사람.

49. 세계일보, 2019년 5월 15일자, "구직자 10명 중 9명 '외모가 채용에 영향 미친다', http://www.segye.com/newsView/20190515505243 ?OutUrl=naver

50. 〈여섯 개의 시선〉 감독은 박진표, 정재은, 박광수, 박찬욱, 임순례, 여균동이다.

51. '원조교제'라는 말과 문화는 '도와주면서 교제한다'는 의미로 일본에서 시작되었다. 성인이 청소년에게 금품이나 편의를 제공하는 대가로 성행위를 요구하는 행위로, 국내의 경우 원조교제는 성관계를 포함하는 윤락행위로 한정되어 사용된다. https://terms.naver. com/entry.naver?docId=371130&cid=42028&categoryId=42028

52. 엔터테인먼트, 2022년 03월 19일자, '사람은 각자 매력이 다르다' https://www.huffingtonpost.kr/entry/lee-hyori_ kr_623567cce4b0f1e82c4a0e62, https://www.huffingtonpost.kr/

entry/lee-hyori_kr_623567cce4b0f1e82c4a0e62?utm_id=naver

53. 중앙선데이, 2022년 4월 9일자, "선생님 정의가 뭐예요? 학생들 독서 안 해 문해력 70점대" https://www.joongang.co.kr/article/25062020

54. 한국대학신문, 2022년 3월 14일자, '고전 100권 읽기 도입하는 대학들, 학생들에게 창의력 엔진 달아준다' http://news.unn.net/news/articleView.html?idxno=525177

55. 모티머 J. 애들러 등저, 민병덕 역, 『독서의 기술』, 범우사, 2010.

56. 身體髮膚 受之父母 不敢毁傷 孝之始也(신체발부 수지부모 불감훼상 효지시야)

57. 어미가 아이를 낳을 때는 3말 8되의 응혈(凝血)을 흘리고 8섬 4말의 혈유(血乳)를 먹이기에, 자식은 아버지를 왼쪽 어깨에 업고 어머니를 오른쪽 어깨에 업고서 수미산을 백천 번 돌더라도 그 은혜를 다 갚을 수 없다고 한다. 10대 은혜는 ① 어머니 품에 품고 지켜 주는 은혜[회탐수호은(懷耽守護恩)], ② 해산날에 즈음하여 고통을 이기시는 어머니 은혜[임산수고은(臨産受苦恩)], ③ 자식을 낳고 근심을 잊는 은혜[생자망우은(生子忘憂恩)], ④ 쓴 것을 삼키고 단것을 뱉어 먹이는 은혜[인고감은(咽苦甘恩)], ⑤ 진자리 마른자리 가려 누이는 은혜[회건취습은(廻乾就濕恩)], ⑥ 젖을 먹여서 기르는 은혜[유포양육은(乳哺養育恩)], ⑦ 손발이 닳도록 깨끗이 씻어 주시는 은혜[洗濁不淨恩], ⑧ 먼 길을 떠나갔을 때 걱정하시는 은혜[원행억념은(遠行憶念恩)], ⑨ 자식을 위하여 나쁜 일까지 짓는 은혜[위조악업은(爲造惡業恩)], ⑩ 끝까지 불쌍히 여기고 사랑해 주는 은혜[구의련민은(究意憐愍恩)] 등이다. 출처: 네이버 지식백과 https://terms.naver.

com/entry.naver?docId=692228&cid=60533&categoryId=60533

58. 범위인자지례 동온이하청 온청이정성 혼정이신성 재추이부쟁(凡爲
    人子之禮 冬溫而夏淸 溫淸而定省 昏定而晨省 在醜夷不爭)

59. 수욕정이풍부지 자욕양이친부대(樹欲靜而風不止 子欲養而親不待):
    나무가 고요하고자 하나 바람이 그치지 않는다. 부모(父母)에게 효
    도(孝道)를 다하려고 할 때에는 이미 돌아가셔서 그 뜻을 이룰 수 없
    음을 이르는 말이다.

60. • 반표지효: 까마귀 새끼가 자라서 늙은 어미에게 먹이를 물어다
      주는 효(孝)라는 뜻으로, 자식이 자란 후에 어버이의 은혜를 갚
      는 효성을 이르는 말.
    • 회귤고사: 오의 육적이 원술의 초청을 받아 잔치에 참가하였을
      때, 모친을 생각하여 귤을 품어 달아났다는 고사.
    • 망운지정: 구름을 바라보며 그리워한다는 뜻으로, 객지에 나온
      자식이 고향의 부모를 그리는 정을 가리키는 말.
    • 임심리박(臨深履薄): 깊은 곳에 임하듯 하며, 얇은 얼음을 밟듯
      이 세심하게 주의하여야 한다.
    • 숙흥온정(夙興溫淸): 일찍 일어나서 잠자리가 추우면 덥게, 더
      우면 서늘하도록 잘 섬겨야 한다.

61. 출처: 위키백과

62. 논어 제 21장, 宰我問: "三年之喪, 期已久矣. 君子三年不爲禮, 禮
    必壞; 三年不爲樂, 樂必崩. 舊穀既沒, 新穀既升, 鑽燧改火, 期可
    已矣." 子曰: "食夫稻, 衣夫錦, 於汝安乎?" 曰: "安." "女安則爲之!
    夫君子之居喪, 食旨不甘, 聞樂不樂, 居處不安, 故不爲也. 今女安,
    則爲之!" 宰我出. 子曰: "予之不仁也! 子生三年, 然後免於父母之

懷. 夫三年之喪, 天下之通喪也. 子也, 有三年之愛於其父母乎?

63. 아스퍼거 증후군(Asperger syndrome)은 1944년 오스트리아 의사인 아스퍼거(Hans Asperger, 1906~1980)에 의해 명명된 것으로, 발달 장애(PDD)의 한 유형이다. 이 증후군을 앓고 있는 사람들은 사회적 상호교류나 행동 장애 등과 같은 자폐성 장애는 보이지만 언어 및 인지발달은 비교적 정상적인 것으로 보이는 특징을 지닌다. 그러나 언어의 억양에 문제가 있고 현학적이거나 우회적인 언어를 사용하는 등 다소 의사소통에 문제를 겪으며, 사람과 눈을 맞추지 않고, 아는 사람을 만나도 인사만 하고 자리를 피하는 등 친구를 사귀는 데 어려움을 겪는다. 출처: 네이버 백과사전, https://terms.naver.com/entry.naver?docId=2055267&cid=43667&categoryId=43667

64. 문종길, 『윤리와사상, 텍스트와 함께 읽기2』, pp. 22-23.

65. 2000년대 중반에 등장한 웰빙의 개념은 정신적·육체적 조화를 통하여 삶의 질을 높이는 것을 뜻한다.

66. 서양은 죽음에 대한 공포와 존재의 불안을 극복하는 데 있는 반면 동양에서는 죽음을 생명 순환의 자연스러운 과정의 일부로 이해한다. 이에 따라 서양의 "죽음학"을 동양에서는 "생사학(生死學, life and death studies)" 또는 "사생학(死生學)"으로 재정의하여 인간의 죽음과 생명의 문제를 다룬다. 한림대학교 생사학연구소: https://www.lifendeath.or.kr/01_intro/life_1.php?PN=1&SN=10&TN=1

67. 신아연의 『스위스 안락사 현장에 다녀왔습니다』(책과나무, 2022.)는 스위스에서 조력존엄사를 선택한 세 번째 한국인 폐암 말기 환자와 동행하여 저자가 체험한 것을 기록한 에세이이다.

68. 스위스는 1937년 개정된 스위스 형법 115조에 근거하여 조력 자살 제도를 인정한다. '이기적인 동기를 갖고 다른 사람이 자살을 시도하거나 행하도록 선동하거나 도움으로써 그 사람이 자살을 시도하거나 행하게 만드는 이는 5년 이하의 징역이나 금고형에 처한다.'고 되어 있다. '이기적인 동기' 없이 '순수하게' 타인의 자살을 돕는 것은 죄가 되지 않는다.

69. 스위스의 조력존엄사를 돕는 업체인 디그니타스를 통해 생을 마감한 사람들은 1998년부터 2021년까지 총 3,460명이다. 독일, 영국, 프랑스, 이탈리아 등 주변국 출신들이 많고 한국인도 2016년, 2018년, 2021년에 1명씩 총 3명이 이곳을 통해 생을 마감했다. 출처: 중앙선데이, 2022.08.06.일자 '조력 자살 해방구' 스위스, 의사와 상담하게 지침 바꿨다. https://www.joongang.co.kr/article/25092394#home

70. 호주의 과학자 데이비드 구달은 104세이던 해, 2018년 스위스 바젤에서 업체의 도움을 받아 생을 마감했는데 당시 특별한 병이 없었기에 조력존엄사에 관한 논란이 일었다.

71. 유교 제례 문화의 지침서인 『주자가례』에 의하면, 기제사가 돌아가신 한 조상에게 정성껏 음식을 대접한다는 의미를 가지고 있다면 차례는 간단한 음식과 함께 조상에게 인사를 드리는 것이다. 차례는 식사를 올리는 게 아니기 때문에 나물·탕·국은 필요하지 않다고 덧붙였다. 제철 과일과 포·술 정도만 해도 충분하고, 제철 과일도 따로 담지 않고 한 접시에 담아도 된다.

72. • 고비합설(考妣合設): 내외분일 경우 남자 조상과 여자 조상은 함께 차린다.
    • 시접거중(匙楪居中): 수저를 담은 그릇은 신위의 앞 중앙에 놓

는다.

- 반서갱동(飯西羹東): 밥(메)은 서쪽이고 국(갱)은 동쪽이다(산 사람과 반대).
- 적접거중(炙楪居中): 구이(적)는 중앙에 놓는다.
- 어동육서(魚東肉西): 생선은 동쪽에, 고기는 서쪽에 놓는다.
- 동두서미(東頭西尾): 머리를 동쪽에 향하고, 꼬리는 서쪽을 향한다.
- 배복방향(背腹方向): 닭구이나 생선포는 등이 위로 향한다.
- 면서병동(麵西餠東): 국수는 서쪽에, 떡은 동쪽에 놓는다.
- 숙서생동(熟西生東): 익힌 나물은 서쪽이고, 생김치는 동쪽에 놓는다.
- 서포동해·혜(西脯東醢·醯): 포는 서쪽이고, 생선젓과 식혜는 동쪽에 놓는다.
- 홍동백서(紅東白西): 붉은색의 과실은 동쪽에 놓고, 흰색의 과실은 서쪽에 놓는다.
- 동조서율(東棗西栗): 대추는 동쪽이고 밤은 서쪽에 놓는다. 출처: 네이버 지식백과, 전통 제례 예절(방법사전)

73. 서울=뉴스1, 2023.11.02.일자, '전통제례 보존·현대화 권고안…"제사 핵심은 가족들 화합" 강조', https://www.news1.kr/articles/5218736

74. 세계일보, 2020.02.13.일자, '퇴계 이황 종가, 설 차례상에 5가지 음식만 올려' https://www.segye.com/newsView/20210202513940?OutUrl=naver

75. 제사상에 복숭아는 귀신을 쫓는 과일로 알려져 있기 때문에 올리지 않고, 빨간색이 들어가는 음식은 놓지 않는다. 빨간색은 귀신이 싫

어하는 색이라 하여 음식을 할 때 고춧가루를 쓰지 않으며, 파나 마늘처럼 향이 강한 향신료는 음식에 넣지 않는다. 생선은 '치'로 끝나는 갈치·꽁치·삼치 등은 사용하지 않고, 비늘이 없는 장어나 메기 같은 생선도 부정하다고 생각해 올리지 않는 곳도 있다. 그러나 문어는 먹물을 가지고 있어서 특별히 제사상에 올리기도 한다. 제사상에 올리는 음식 중 대추는 왕을, 밤은 영의정·좌의정·우의정인 삼정승을 뜻한다고 하며, 씨앗이 6개인 감은 이조판서나 병조판서와 같은 육조의 판서를 뜻한다.

76. 네이버 지식백과, https://terms.naver.com/entry.naver?docId=1074952&cid=40942&categoryId=31614

77. 오마이 뉴스, 2022.9.29.일자 '도덕과 교육과정' 공청회… "성평등 반대" 구호 난무' http://www.ohmynews.com/NWS_Web/View/at_pg.aspx?CNTN_CD=A0002868526&CMPT_CD=P0010&utm_source=naver&utm_medium=newsearch&utm_campaign=naver_news

78. JTBC, 2022.11.09.일자. '새 교육과정에 '자유민주주의'를 넣고 '성 소수자' 표현 수정'. '성 소수자'란 표현은 '성별 등을 이유로 차별받는 사회 구성원'으로 풀어쓰기 했다. 고등학교 통합사회의 경우, 기존의 '사회적 소수자'의 사례로 장애인, 이주 외국인, 성 소수자 등을 '성별·연령·인종·국적·장애 등을 이유로 차별받는 사회 구성원'으로 바꿔 표현하기로 했다. 교육부는 청소년기는 성 정체성을 확립해 가는 과정으로, 사회적 소수자에 대한 구체적 예시를 명시했을 때 청소년들의 성 정체성 혼란 등을 우려해 용어를 바꾼 것이라고 설명했다.

79. 한국국민윤리학회, 『한국 사상과 윤리』(형설 출판사, 1993.), p. 255

80. ytn, 2022/11/29, '20대 직장인, 일보다 여가… 세대별 직업의식 은?'

81. 네이버 지식백과, 202/12/30 검색

82. 김병우, 『한국인의 자랑 빨리빨리 문화 바로알기』, 시간의물레, 2018.

83. 출처: 제3자의 입장인 외국인들이 바라본 한국의 빨리빨리 문화는? https://post.naver.com/viewer/postView.naver?volumeNo=182434 83&memberNo=15460571&vType=VERTICAL